JN173483

元慶《がんぎょう》の乱と蝦夷《えみし》の復興

田中俊一郎

郁朋社

はじめに

平安時代前期の貞観《じょうがん》年間に始まった天変地異は、元号が元慶《がんぎょう》に変わっても収まらず、全国に飢餓が蔓延していた頃、秋田で大規模な乱が起こった。八七八年（元慶二）陰暦三月のことである。元慶の乱と名付けられたこの蜂起は、蝦夷《えみし》の乱とされてはいるが、これに良民である百姓が加わっていたであろうことは容易に推測される。それは日本三代実録が、百姓の奥地への大規模な逃散を記述しているからで、奥地とは朝廷の手が及ばない蝦夷の支配する地を意味する。つまり百姓たちは、蝦夷の元へ逃げていたからである。

この乱に到った原因には、貞観の天災と不作、秋田城司の暴政と百姓の逃散など、いくつかの要因が考えられるが、しかしこの乱を特徴付けているのはこれらの原因ではなく、秋田の民衆が蜂起に際して懐いた願望とそれを実現するための戦略にある。

蜂起した民は秋田城を焼いて武器甲冑や米穀を奪い、城の奪還に向かった官軍を敗走させたあと「秋田河以北を己が地と為さん」という朝廷が驚愕するような要求を突きつける。これは朝廷支配からの脱却を掲げた史上初の戦いであると言ってもよい。

彼らはその目的に向かって戦略を立て、組織的な戦いを繰り広げた。そして圧倒的な勝利を収めながら、先の宣言どおり秋田平野東南端で軍を留め、劣勢な官軍と川を挟んで対峙したまま動かなかった。

結局この乱は蝦夷の降伏という形で決着するが、しかし事がそれで収まったようには見えない。この後、半世紀余の間に秋田を含めた北東北の様相が大きく変貌していき、遂には北東北の朝廷支配を崩壊させるからである。

しかしこの元慶の乱から、十世紀半ばまでの北東北の歴史をどう見るかは、定まっているとは言い難い。またそれはこの時期だけの問題でもない。抑も出羽の歴史上の解釈については、様々な局面で見解が錯綜しているとも言える。

それは正史である六国史が、東北をあまり記述しないからで、なかでも出羽は、陸奥に比べてさえ情報が少ない。

例えば、秋田城の問題がある。この城について正史が明確に記述するのは、秋田城の前身となる出羽柵が造られた年だけである。秋田城が出羽国府となったのかどうか、秋田城を停廃して河辺府に移すとしたときの河辺府とは何処か、また停廃とは何を意味するか、いずれも正史には明確な記述がなく、未だに論争は続いている。

更に不思議なのは払田柵である。多賀城の七十四ヘクタールよりも大きく、八十七・八ヘクタールの面積を持つ払田柵について、正史は何の痕跡も残してはいない。

これらの不鮮明さから、いくつもの解釈が生まれ、常に論争の種になってきた。これは正史の記述が少ないことから起こる問題だが、また一方で正史の記述が無視されている問題もある。

本書が取り上げる元慶の乱は、正史には珍しく、日本三代実録にその経過が克明に記述されている。これは当時の出羽、特に秋田の状況を知る上で貴重な資料だと思うが、いま定説化されつつある一つの説では、この記述が無視されていると感じる。秋田郡衙を石崎遺跡とする説である。

しかし三代実録の記述を見る限り、この説は採れない。その根拠は本文で述べるが、その点では本書の記述は定説に反している。

近年、蝦夷が見直され、奥州市の埋蔵文化財調査センターなどが、阿弖流為《あてるい》を見直す展示を行なうなどの活発な動きがある一方、発掘調査での遺構や遺物の検討では、まだまだ蝦夷が省みられているとは言い難い。

柵列が出るとそれを朝廷側施設と結び付けるなどの解釈は、未だに優勢であり、それは石崎遺跡＝秋田郡衙説や、米代川の胡桃館遺跡を朝廷の出先機関とする推測などにも表われている。

従って、これまで述べた問題点から、本書の目的とするものは三点になる。一つは、三代実録の元慶の乱の記述を詳細に検討し、それに発掘調査報告の分析を加味して、当時の秋田、取り分け蝦夷の状況を究明すること。二つ目は九世紀後半から十世紀半ばにかけての北東北の変貌が、蝦夷や逃散した百姓の手によってなされたことを明らかにすることである。しかし、これらは従来の解釈とは、屡々異なるものになるかもしれない。

これらに加えて、出羽史に於いて見解が錯綜するいくつかの問題について、合理的な解釈を模索することが三つ目の目的となる。これは副次的なものだが、例えば払田柵の位置付けなどは、元慶の乱の記述から解けるのではないかと思っている。

さて、これらを検証するためには、まず東北史の概略に触れなければならない。それが後に様々な問題に関連してくるからである。

元慶の乱と蝦夷の復興／**目次**

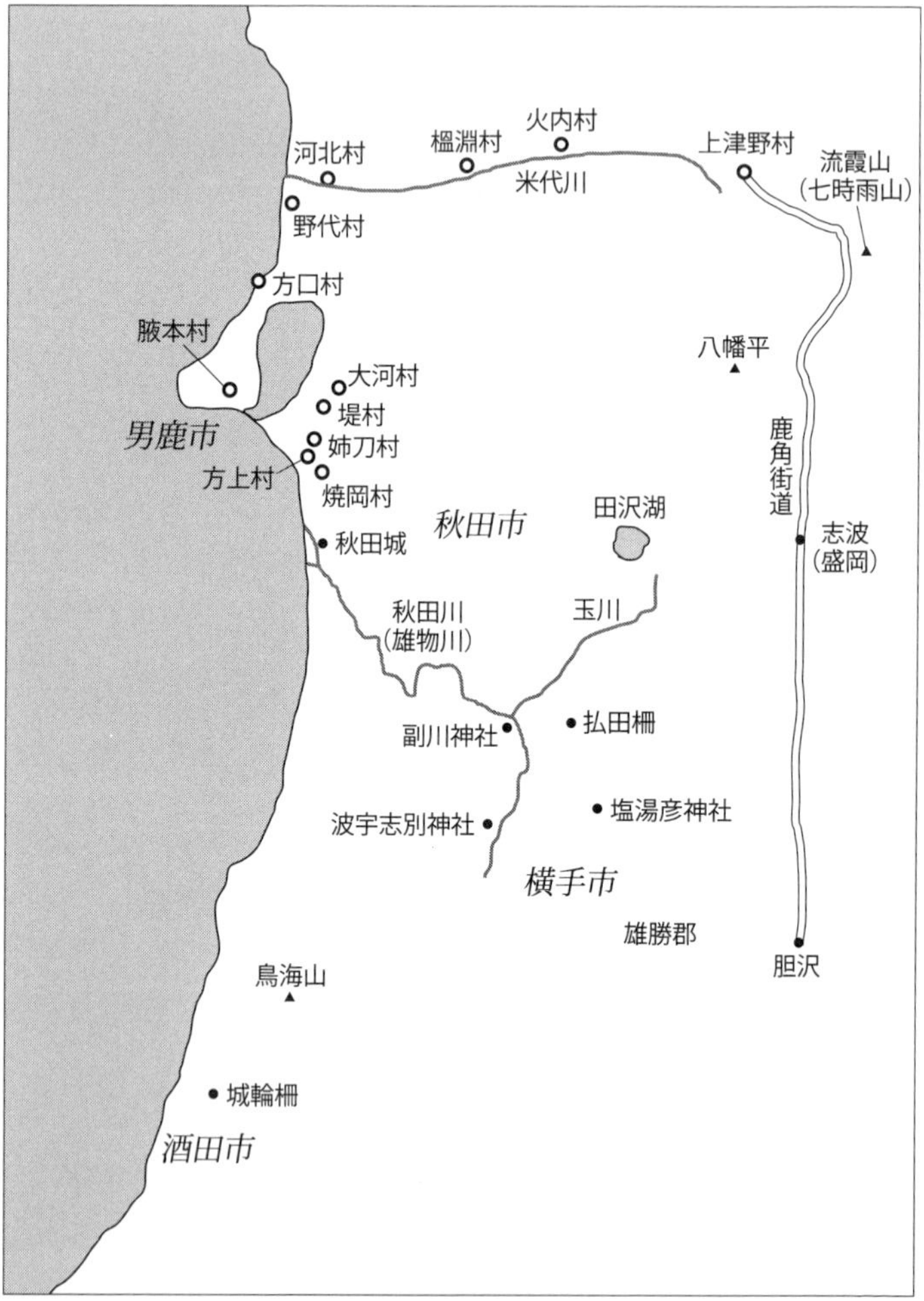
火内村
檑淵村
河北村
上津野村
流霞山
（七時雨山）
米代川
野代村
方口村
腋本村
八幡平
大河村
堤村
男鹿市
姉刀村
方上村
焼岡村
鹿角街道
田沢湖
秋田市
秋田城
志波
（盛岡）
秋田川
（雄物川）
玉川
副川神社
払田柵
塩湯彦神社
波宇志別神社
横手市
雄勝郡
胆沢
鳥海山
城輪柵
酒田市

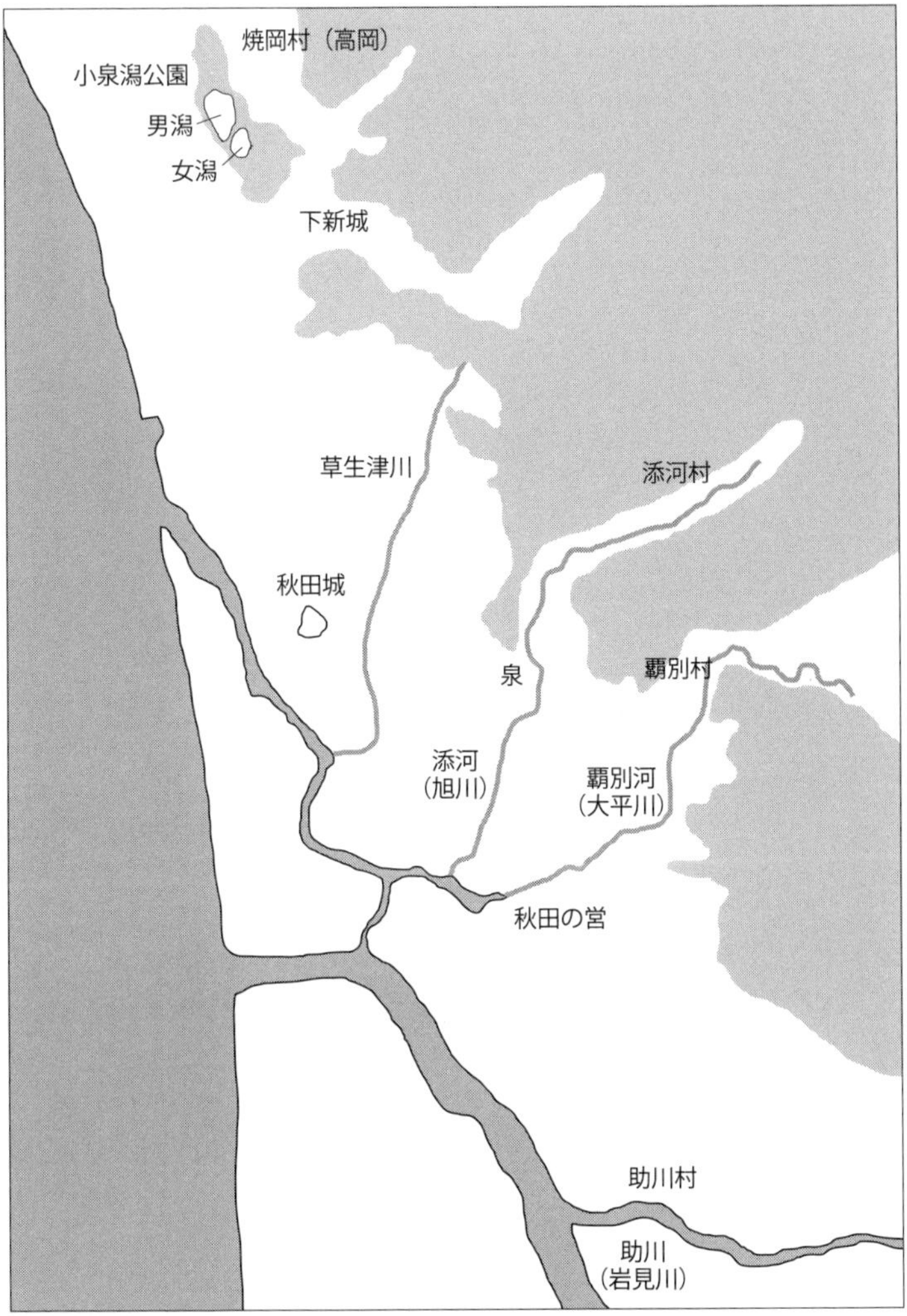
焼岡村（高岡）
小泉潟公園
男潟
女潟
下新城
草生津川
添河村
秋田城
泉
覇別村
添河
（旭川）
覇別河
（大平川）
秋田の営
助川村
助川
（岩見川）

装丁／根本比奈子

一　蝦夷と朝廷

（一）北進する朝廷、抵抗する蝦夷

a　柵と柵戸

古代の東北地方に蝦夷と言われる人々がいた。この蝦夷とは律令制の外に置かれた東北の先住民で、そこには和人とアイヌ人の区別はなく、戸籍に載せられた律令の民と区別されて、王化に染まない化外の人の扱いを受けた。

蝦夷の文献上の初出は、日本書紀神武前紀で、そこには万葉仮名で「愛瀰詩《えみし》」と書かれている。この音だけで表わされた呼称は、蝦夷自らがそう呼んだのか、それとも朝廷側の命名なのかは分からないが、斉明朝には蝦夷との接触が語られるので、古くから定着していたものだとは思われる。

朝廷は万葉仮名の愛らしい表記とは打って変わって、後には専ら「蝦夷」の字を使い始める。この「蝦夷」の当て字については様々な説があるが、敢えてここではそれに触れない。だが「蝦夷」の「夷」の字が、中国の「東夷」から取られたものであろうとは思っている。

飛鳥時代に蝦夷は、東にいる蛮族と認識されたのであろう。かつて魏志で「東夷」のなかに入れられていた倭国が、自らのなかに新たに「東夷」を設定したのである。

出羽国が建てられる頃になると、日本海側の蝦夷を「蝦狄」と表記するようになるが、これは東夷と同じく中国の「北狄」から取られた当て字であることは明らかで、字体は違っても読みは当然「エミシ」であった筈だ。本書は朝廷が意図的に設けたこの区別に必然性を感じないので、正史を引用した箇所を除き、本文では「蝦夷」の表記に統一している。

日本書紀の神武前紀が史実でないのは明らかだが、この記述は朝廷がかなり古くから蝦夷を認識していたという裏付けにはなる。古代東北の特異性は、以降十世紀に至るまで頻々と現われる、この蝦夷の存在にあると言っても過言ではない。

書紀の景行紀では蝦夷の地を日高見国と名付け、「撃ちて取るべし」と記述しているが、そこに暗示されているように、朝廷の北進は書紀成立以前の飛鳥時代には、既に始まっていた。

斉明紀には阿倍比羅夫の、日本海側遠征が載る。しかしすぐに朝廷の手が伸びることはなく、まず標的とされたのは陸奥の方である。陸奥国の始まり自体は不明でも、六七七年（天武五）の国司に充てる位階の記述のなかに陸奥国があるので、この国は少なくとも天武朝には成立している。

長く陸奥国府として機能した多賀城の造営は、奈良時代に入った七二四年（神亀一）になるため、それ以前の国府がどこかにあった筈だが、それは一ヶ所とは限らない。朝廷は常陸国境付近から順次国府を移しながら、次第に北上していったのであろう。

現在、多賀城の直前の国府として有力視されているものに、多賀城南西の郡山遺跡の官衙的遺構がある。この遺構には二度の造営が認められ、最初の造営は七世紀中頃と推定されているから将に飛鳥時代で、天武朝より前である。朝廷の陸奥への侵攻はかなり古く、神武前紀の記述にはその事実が反映されているのだろう。

朝廷は蝦夷の地を「撃ちて取る」の言葉通りに侵略し始めるが、その戦略の根幹は柵《き》と柵戸《きのへ》にあった。柵を作り他国の百姓を柵戸として入れては、屯田兵のように使って支配地を確保し、それを繰返しながら朝廷は領域を北へ北へと延ばしていった。

斉明朝にはすでに優嗜曇《うきたみ》の評《こおり》の柵が造られ、そこには柵養蝦夷《きこうのえみし》がいたと記述されているから、この政策は随分と古い。柵養蝦夷とは柵の中で養われる蝦夷という意味だが、蝦夷を見返りなしに養うとは思えないから、これは奴婢の如き状態にされた蝦夷だったのだろう。

柵戸の配置もかなり古く。発掘調査から見ると、郡山遺跡の官衙が作られた七世紀中頃には、柵戸が入れられていたとみられる。仙台平野、大崎平野や北の栗原地方からも関東系の土師器《はじき》の杯《つき》が出土し、その年代は七世紀後半から八世紀前半とされる。これは柵戸として移住させられた武蔵や相模あるいは常陸の人々の遺物であろう。

養老令の軍防令には「東辺、北辺、西辺による諸郡の人居は、みな城堡に安置し、営田の所にはただ庄舎を置け」とある。東辺は陸奥、北辺は出羽、西辺は九州の日向・大隅・薩摩で、朝廷は蝦夷だけでなく、九州南部の隼人に対しても柵と柵戸の政策を行なっていたことが分かる。

ここで柵戸は城堡、つまり柵の中に住まわせ、柵外の水田に置くのは作業小屋だけにしろと言っている。それは取りも直さず柵戸に対する先住民の反発が如何に大きかったかを物語るものだろう。

柵や柵戸の田畑を確保するためには、そこにいた蝦夷を逐《お》わなければならない。蝦夷は村を潰され田畑を手放す羽目に陥った。となれば、当然のことに蝦夷が反発しない訳がない。

七二〇年（養老四）に陸奥で按察使《あぜち》が殺され、多賀城を造った七二四年（神亀一）には陸奥国の国司である大掾《だいじょう》が殺されている。案の定、蝦夷の反発は強かったのである。七二五年（神亀二）に蝦夷の遠国配流の記述が初めて表われるが、これも先住民の抵抗の一端を物語っている。

一方、古代に「イデハ」と言われた出羽はどうだろうか。朝廷は七〇八年（和銅一）に初めて朝日山塊を廻って山形県側に進出し、越後国の一部として出羽郡を置いた。出羽郡には出羽柵が設置されたから、陸奥国と同様、柵と柵戸による政策が行なわれた筈である。

そのためこの翌年には、すぐに蝦夷の抵抗が始まっている。「陸奥越後二国の蝦夷、野心馴れ難く良民を害す」状態となって、東国六ヶ国の兵が動員された。

良民とは律令制下の百姓のことで、律令の規定によって戸籍に記載された人々であり、それ故「編戸の民」と言われた。出羽の良民は出羽郡建置前には存在しないから、この良民とは柵戸に他ならない。人の土地を奪っておいて「蝦夷、野心馴れ難く」とは随分な言い様だが、朝廷は常にこのような感覚で蝦夷に対している。

出羽柵設置からわずか四年後の七一二年（和銅五）に、出羽は国となった。国府は出羽柵に置かれたと思われるが、その場所は最上川河口付近と推測されているだけで、未だ特定には至っていない。

この時、出羽には良民が少ないとして、陸奥国から置賜郡と最上郡を編入し、更に尾張、上野、信濃、越後から二百戸を柵戸として移すよう命じた。これが正史に載る出羽の柵戸の初出である。しかしこの柵戸の移住はすぐには行なわれず、実施は七一五年（和銅七）十月になった。出羽の柵戸はこの後も増え続け、総計では八百戸に達した。またそれだけではなく、後には浮浪人なども移されている。

戸とは単一家族ではなく親族の集合体だったから、一戸は数人から数十人という大きなものもあり、律令の定めでは五十戸で一里《さと》（後の郷）を形成することになっていた。八百戸の柵戸は十六里に相当し、越後国が三十二里で構成されていることからすれば、その半分に当たる膨大な数である。

これは多数の植民によって蝦夷を押さえ込もうとする露骨な政策で、出羽国の始まりは陸奥国と比べてさえ特異だと言える。

陸奥では仙台平野や大崎平野で同様な政策が行なわれていたとはいえ、少なくとも福島県の大半には律令制以前に国造制が敷かれていたから、先住の良民はいた筈である。だが出羽は違う。

陸奥から割譲された置賜、最上の二郡に先住の良民がいた可能性は否定しないが、斉明朝の優嗜曇《うきたみ》の柵を置賜郡とする通説に従えば、この地域も元来は蝦夷の地であったことになる。従ってこの二郡も、柵戸を良民とすることによって律令制下に組み入れられたと考えるべきで、先住者の良民はいなかったか、いても極めて少なかったに違いない。出羽の先住者は、ほとんどが蝦夷で、反対に良民のほとんどは他国者という異常な状況から出羽国は始まっている。

出羽国設立からわずか二十一年後の七三三年（天平五）に、一挙に北進して秋田村に柵を構え、今度はそれを出羽柵と称した。また同時に雄勝村にも郡を設置し、民を置いた。

秋田・雄勝が共に「村」と表記されているから、これは律令制下の「郷」ではなく、蝦夷の村である。朝廷は突如として蝦夷の村に柵を造り、郡制も敷いたことになる。（但し、秋田での郡の設立は八〇四年〈延暦二十三〉とするのが通説で、わたしの説は異端に属する。これについては「河辺府」の項で論述する）

民を置くという措置、つまり柵戸の移住は、雄勝村だけでなく秋田村でも行なわれた筈で、また柵も、秋田だけでなく雄勝にも造られたであろうとは容易に推測できる。

出羽は郡の設置の段階からかなり乱暴な政策が行なわれていたように見える。案の定、雄勝郡はあっという間に潰され、秋田の出羽柵は孤立した。そのためもあってか、出羽柵設置の四年後に、按察使《あぜち》の大野東人《おおのあずまんど》が多賀城から出羽柵に至る道を開削しようとして六千人の軍を動員している。この企ては結局実現しないが、そこには「男勝村《おかち》を征し」とあるから、雄勝が蝦夷の領分に戻っていることが分かる。

多賀城碑によれば多賀城を造ったのは、この東人で、彼は往古以来の柵と柵戸の政策を大規模に行なった。多賀城の北を囲むように存在する黒川以北十郡の郡衙は、城柵郡衙と言われるように柵に囲まれている。これらの大半が造られたのは八世紀前半なので、これも東人の仕事と考えられる。この東人が多賀城と秋田を結ぶ道を拓こうとしたことからすると、秋田に出羽柵を設置しようと発案したのも彼だったのかもしれない。

当初柵戸は、主として関東から郷ぐるみで移住させたと思われるが、東人からわずか後にはそのようなことは難しくなり、田を持てなくなった浮浪人などを充てるようになる。

七五九年（天平宝字三）に庄内から秋田に至る道沿いに六ケ所の駅ができ、雄勝城も造られているから、雄勝もようやく朝廷の支配下に入ったとみられる。この雄勝城が作られたとき、柵戸として送られたのは、坂東北陸の浮浪人二千人と官の奴婢五百人余であった。郷ぐるみで移住させたときは戸単位で表わされていた柵戸の表記が、これ以後何人という人数単位に変わっている。

この浮浪人を柵戸とするやり方は、当時かなり乱暴な処置に映ったらしく、七六九年（神護景雲三）に陸奥の伊治《これはる》村に柵戸として送り込まれた千人の浮浪人が即座に逃亡したとき、太政官は報告を受けて「今罪無き民をうつして辺城の戍《まも》りに配するは即ち物情穏やかならず、逃亡已むことなけん」と述べている。

朝廷は柵戸を強制した人々に免税の措置は取ったが、かといって食料を供給するほどには優遇しなかった。郷ぐるみの強制移住ならば郷が蓄えた食料を持ってくることが可能で、柵やその周辺の耕作地から蝦夷を追ってもその年の実りまでは奪うまいが、浮浪人はそうはいかない。当然蝦夷が耕作していた田畑を奪うだけでなく、その年の収穫をも奪って食料に充てたであろう。土地を収奪される蝦夷にすれば、いずれにせよこれは死活問題で、柵戸の入植ごとに騒動が繰り返されたのも当然である。

b 戦乱の三十八年間

蝦夷は国家を形成せず、部族社会の中で暮らしていた。朝廷は柵と柵戸の政策を進める一方、蝦夷への懐柔も積極的に行なった。そういうなかで、各村、各部族に分かれていた蝦夷は、各々の利害得失によって朝廷への対応が様々に分かれるようになっていく。

朝廷に反発し抵抗する者が総てだったわけではなく、朝貢的交易によって利益を得ようとする者は積極的に朝廷に寄って、蝦夷郡を建てようとしたし、部族間抗争で劣勢に陥った村は、朝廷の庇護によって村を守ろうとした。要するに対応はばらばらで定まらず、それが朝廷の浸透を許す原因にもなっている。

朝廷は、そういう蝦夷の状況を巧みに利用した。意識的に遠交近攻の政策を取り、柵から遠い蝦夷を優遇して、姓《かばね》を与え官位を贈って朝廷側に誘った。この蝦夷懐柔政策は有効だったようである。官位を貰った蝦夷はそれに応じて官稲が貰えるから、蝦夷の首長には魅力的だったに違いない。蝦夷には本来の官位である内位ではなく外位しか与えられなかったから、貰える官稲も内位の半分程度であったとしてもである。

後に朝廷と戦う阿弖流為《あてるい》には大墓公《たものきみ》、母礼《もれ》には盤具公《いわぐ》の称号が付けられている。七九六年（延暦十五）の記述に吉弥侯部善麻呂《きみこべのよしまろ》が上毛野陸奥公という姓を貰ったとあるから、公は蝦夷に与えた姓の一つで、胆沢が標的とされる前には阿弖流為や母礼でさえ姓を貰っていたことになる。

このようにして服属させた蝦夷を、朝廷は俘囚《ふしゅう》と呼んだ。忠誠を誓ったのに俘囚とはひどい言い様だが、中央貴族の蝦夷観を反映した呼称でもある。

俘囚は姓や官位の見返りとして、征夷戦に参加することを求められた。朝廷は「夷を以て夷を制す」という戦法を上策とし、それを率先した将軍は、この常套句によって常に称されている。つまりは蝦夷には他の蝦夷を先頭に立てて戦わせるということで、戦国時代に降伏した将を先陣で戦わせたのと同じような発想である。

胆沢が攻略される以前に、陸奥最奥の城柵であった伊治城《これはる》にもそのような俘囚が参集しており、その一人に宇漢迷公宇屈波宇《うかめのきみうくはう》という者がいた。

この宇屈波宇が七六九年（神護景雲三）の柵戸逃散の翌年（七七〇年・宝亀一）に「同族を率いて

必ずや城柵を侵さん」と言い放って賊地に帰っている。彼を怒らせる何事かが、伊治城周辺で起こったと推測できるが、最もありそうなのは新たな柵戸による軋轢であろう。柵戸逃散のあと、再び浮浪人が集められ柵戸として投入されたに違いなく、在地の蝦夷が土地を簒奪されるなどの過酷な措置を、宇屈波宇は目にしたのかもしれない。彼は朝廷が与えた飴を捨て、「賊地」に帰った。賊地は奥地と同義で蝦夷の支配地の意。彼の本拠地は陸奥の奥、遠隔の地である。

そしてその言葉どおり、七七四年（宝亀五）に桃生《ものう》城の西郭が破られる。これが二十八年に渡る宝亀の乱の始まりで、この戦乱は坂上田村麻呂が胆沢城を築き、阿弖流為と母礼が降伏するまで続くことになる。

桃生城襲撃の翌七七五年（宝亀六）にも騒乱は収まらず、相模、武蔵など四ヶ国の兵が動員された。だが騒乱は陸奥だけで起こった訳ではなかった。この年十月、出羽国は「蝦夷の余燼なお未だ平殄《へいてん》せず、三年の間鎮兵九九六人を請うて、且つ要害を鎮《まも》り、且つ国府を遷さんとす」と、国府移転までをも念頭に置いた奏言を発している。

この騒乱が未だ収まらないというところを見れば、前年から続く騒乱の可能性が高い。とすれば桃生城襲撃と同年のことで、陸奥と出羽の蝦夷が相伴って朝廷に戦いを挑んだとも考えられる。

ここに載る国府移転の問題は、五年後の七八〇年（宝亀十一）にも上奏され、更に八〇四年（延暦二十三）にも再燃している。如何に出羽、取り分け秋田が不穏だったかを物語るものだが、この国府移転は、研究者間で今も論議が続けられている問題でもある。内容が複雑なので、ここでは経過だけに留め、この論戦については「国府移転」の項でまとめて述べたい。

七七六年（宝亀七）、陸奥国は「来る四月上旬、軍士二万人を発してまさに山海二道の賊を伐つべし」と号し、朝廷はそれに応じて、出羽国にも四千人の兵を発し、雄勝より西を伐てと命じた。

だがこれほどの意気込みで掛かったにも関わらず、朝廷は敗れる。この年五月、当時は出羽の領分であった志波村（盛岡）で蝦夷が国府軍を破り、朝廷は下総等三ヶ国の騎兵を更に動員する事態に陥った。

翌年には按察使《あぜち》と鎮守将軍を紀広純《きのひろずみ》に替え、鎮守副将軍を出羽に送るが、またしても敗退し「官軍利あらず器状を損失」と報告されている。

この器仗とは武器のことで、本来は防具を含まない。しかし正史に何度か表われるその表現を見ると、武器だけでなく防具も含めて使っていることが多いようで、特に元慶の乱にはこの言葉がよく表われる。

この七七六年、陸奥国は復（免税）三年の餌で奥郡の守りとなる百姓を国内で募った。多くの百姓が逃散していたのである。

そしてこの年、阿弖流為《あてるい》の本拠地である胆沢の地名が初めて正史に表われる。陸奥国が「三千人の兵を発して胆沢の賊を伐つ」としたのがそれだが、如何にも唐突である。陸奥国府は胆沢に蝦夷の大勢力があり、そこが拠点だと覚ったのだろうか。理由は分からないが、これ以降、胆沢攻略が朝廷の主たる目標となっていくのは間違いがない。

宇屈波宇と同様、陸奥の俘囚となった者に伊治公呰麻呂《これはるのきみあざまろ》という者がいた。伊治城のある伊治郡の大領（郡司の長）で、伊治城に柵戸が入れられたときにも宇屈波宇のようには反発せず、叛した蝦夷と戦って戦功を挙げ、七七八年（宝亀九）に外従五位下に叙位されている。

だが今度は、その忠実な俘囚と思われていた呰麻呂が、七八〇年（宝亀十一）に思いきった叛乱を起こした。叙位からわずか二年後のことである。

按察使であった紀広純は胆沢攻略のために、伊治城と胆沢の間に拠点となる城を造ろうと考えた。三月二十二日、呰麻呂と吉弥候伊佐西古《きみこのいさせこ》の二人の俘囚に牡鹿郡大領の道嶋大楯《みちしまのおおだて》を伴って三千の兵と共に伊治城に入るが、その城中で呰麻呂が蜂起する。まず大楯を殺し、次いで広純を殺した。だが陸奥介であった大伴真綱《おおとものまづな》は殺さず、護衛を付けて多賀城まで送り届けるという不思議なことをしている。

正史の記述によれば、道嶋大楯は事あるごとに呰麻呂を蝦夷と蔑すみ怨みを買っていたとある。大楯が大領をしていた牡鹿郡からは、地下人から出て近衛中将にまで昇った道嶋嶋足《しまたり》という人物がいて、大楯はこの嶋足の同族と考えられている。この道嶋氏を蝦夷とする説もあるが、嶋足が死んだときの記述には「本姓牡鹿連。陸奥国牡鹿郡の人なり」とあり、俘囚ではなく人と記述されるところを見ると、良民である柵戸の出とすべきだろう。蝦夷の出なら如何に戦功があっても京で出世できなかっただろうし、蝦夷を高みから見下していた大楯の振る舞いも理解できない。

呰麻呂が広純と大楯だけを殺し、真綱を丁重に国府に送ったことを見れば、これは突然の逆上によるものではなく、広純と大楯が伊治城に入ったときを狙った計画的な蜂起だったと考えられる。

だが大楯には個人的な怨みがあったとしても、広純を殺したのも私怨だったのだろうか。

広純は蝦夷であった呰麻呂に初めこそ不審の目を向けていたが、その後厚く信頼するようになったとあり、そこからは私怨は感じられない。呰麻呂は個人的な感情からではなく、蝦夷征討の頭である按察使としての広純を殺したのではないか。彼の行動の根底には、長い間に鬱積した朝廷の蝦夷統治への反発があったように思われる。

ところで多賀城に送られた真綱はどうしたか。彼は城の防備を固めず、逃げ込んだ百姓たちを見捨てて国司の掾《じょう》であった石川浄介と共に逃亡してしまう。ために百姓は四散し、その直後多賀城は蝦夷の襲撃によって灰燼に帰した。

だがこの多賀城襲撃は呰麻呂の仕業とは思えない。多賀城を攻撃する意図があったのなら、真綱を城に帰して備える準備をさせるようなことをする筈がないからである。

多賀城を襲ったのは、呰麻呂と共に伊治城に入った伊佐西古だったのではないか。この後呰麻呂の消息は知れなくなるが、伊佐西古の方は七八一年（天応一）に官軍が手を焼く蝦夷の首長として名が上がっている。伊佐西古は呰麻呂の伊治城蜂起に同調し、どうせなら陸奥の本拠である多賀城も焼こうと考えたのではなかろうか。

この宝亀十一年は蝦夷にとって画期となる年となった。以降、官軍は萎縮し何ら成果を挙げられない状況が続く。朝廷は陸奥に征東使、出羽に鎮狄将軍を送って失地回復を図り、出羽に六百領、陸奥に千領の甲を送るが、官軍は一向に進軍する気配を示さない。朝廷が苛立ち叱責しても、現地の官軍は進軍どころではなく、身を守るのに汲々としていた。

この時、出羽は大変なことになっている。出羽の海側にあった由理の柵は、蝦夷支配地のなかに孤立し、内陸部にあった大室の塞は蝦夷に占拠されてその要害となった。鎮守副将軍であった百済王俊哲が「賊のために囲まれ、兵は疲れ矢は尽きぬ。桃生、白河等十一社に祈りて囲みを潰し得たり」と奏言している。これは潰したのではなく、何とか包囲を破って逃れたというのが実情であろう。結局官軍は、大室の塞への道を塞いで防禦に徹するしかなく、出羽の雄勝郡平鹿郡は蝦夷に席巻されて、秋田城は取り残された。そのため一時秋田城は放棄されたとみられる。

それは鎮狄将軍となった安倍家麻呂からの奏言に「狄志良須《しらす》、俘囚宇奈古《うなこ》ら欵《なげ》きて曰す。己ら官威に憑きて拠り久しく城下に居り。今この秋田城は遂に永く棄てる所か、番を為し、旧《もと》により還《かえ》りて保《まも》らんか者《てえり》」とあることから分かる。

国府に従って長く秋田城下で暮らしていた蝦夷の志良須と俘囚の宇奈古が歎いて「秋田城は遂に棄てるのか、それとも順番に守る者を出して、旧《もと》のように還って保るのか」と問うた。朝廷側に付いた蝦夷・俘囚は輪番で秋田城の守備にも就いている。彼らは長く秋田城下で暮らしていたから、これには帰って元のように輪番で城を守ろうではないかという意志が込められているのだろう。「還りて」と言っているから、この時城は放棄されていたと考えられる。

太政官は秋田城を棄てるのは上策ではないと退け、「使いもしくは国司一人を差わし、以て専当と為せ」と言い、大軍を送れとは言わずに「多少の軍士を遣りて鎮守と為す」としているから、秋田城が守りづらいことは承知していたらしい。加えて「宝亀の初めに国司言す。秋田は保るに難く、河辺は治め易し」と以前の秋田城移転論議にも触れ、しかしその後も城は移さなかったではないか、今更そう言っても百姓は納得しまいと指摘した。

このような状態が暫く続き、出羽で雄勝、平鹿の二郡が再建されたのは三年後の七八三年（延暦二）になった。桓武天皇の治世である。この天皇は官軍が蝦夷に敗れるという事態が許せなかったのか、もしくは自分の治世で陸奥出羽の支配が覆されるのではないかという不安からか、蹶起となって征夷戦を行なった。想像を絶するような大軍が三回も編成され、坂東の百姓は兵士となるか、または武器防具などの器状や糧食運びに使役された。

大軍に立ち向かって戦死し、村を焼かれた蝦夷だけでなく、この戦に駆り出された坂東の民もまた塗炭の苦しみに投げ込まれることになる。

c　胆沢陥落

雄勝・平鹿二郡が再建された七八三年（延暦二）、朝廷は坂東諸国の軍役にある者の多くは戦いに堪えないと嘆き、雑色や俘囚のうちから弓馬に長け戦陣に堪える者を徴発せよと命じている。しかしこれが進まなかったため、今度は坂東八ヶ国に具体的な指示を発して、郡司の子弟や俘囚から国の規模により五百から千人の軍務に堪える者を選んで調練せよと命じた。大規模な軍団を整備すると決心したのである。

そして七八八年（延暦七）に本格的な準備に取りかかる。東海道、東山道、北陸道の諸国に命じて糒《ほしいい》二万三千余石と塩を陸奥に運ばせ、それとは別に陸奥国に糧食三万五千余石を多賀城に集めさせた。また東海道、東山道と坂東の諸国に五万二千八百人の歩騎兵を来年三月までに多賀城に参集させよと命じる。

凄まじい兵士の数と軍糧である。戦国時代でさえ、桶狭間のときの今川軍が公称五万、実数二万五千といわれ、姉川合戦の織田軍は自軍二万に徳川軍五千を加えた二万五千であって、到底この兵数には及ばない。時代を考えればこの数は異常と言っていい。

翌七八九年（延暦八）紀古佐美《きのこさみ》を征東将軍とする大軍は胆沢に向かうが、このときまだ坂上田村麻呂《さかのうえのたむらまろ》は参陣していない。彼が登場するのは十万というとてつもない兵数を集めた二回目の征夷戦からである。

官軍は六月に衣川を渡って軍を二つに分け、北上川の両岸を進んで阿弖流為《あてるい》の本拠地、胆沢の巣伏《すぶせ》村を目指した。この大軍は多くの村を焼きながら蝦夷軍を追うが、巣伏村に至ったところで敗れる。戦死二十五人、矢傷を負う者二百四十五人、溺死者千三十六人という惨敗であった。

この巣伏という村はどこにあったのだろう。いま巣伏に類似する地名は見当たらないが、抑もこの村名自体が少し怪しい。蝦夷は書紀に載る土蜘蛛同様、人とはみなされなかったから、その首魁の巣窟は土蜘蛛のように、穴蔵の巣に伏せ朝廷に害を為すという意味で「巣伏」と官軍が付けた蔑称であったかもしれない。

だが巣伏という村名に拘らなければ阿弖流為本拠地の有力な候補地はあって、そこは東北新幹線水沢江刺駅の東、北上川左岸にある羽黒山周辺である。羽黒山は地元では御山という尊称で呼ばれ、そこには田村麻呂が大同二年に建立したという羽黒堂の通称を持つ出羽神社がある。この山周辺には空堀の跡があるといい、阿弖流為の砦《ちゃし》だという伝承が残っている。またこの山の近くには田茂山の地名があるから大墓公《たものきみ》のタモとも符合する。

正史の戦闘の記述では、北上川左岸に渡った別働隊四千が、迎え撃った蝦夷三百を追って村々を焼きながら巣伏村に至ったとき、蝦夷に八百の新手が加わって官軍を阻んだ。本隊は北上川右岸にあって川を渡ろうとしたが蝦夷軍に阻まれて渡河できず、そのとき「東山」から蝦夷軍四百が出て別働隊の後ろを断ったとある。そのため官軍は惑乱し、川に飛び込んで死ぬ者が多数に上った。

御山は将に北上川の東にあり、これを「東山」と考えれば、正史の記述との齟齬はない。また田村麻呂が神社を建立したという由緒も気になる。田村麻呂は三回目の征夷戦の後、京に阿弖流為と母礼を連行した。この度は二人を帰して他の蝦夷を服属させたいと言ったが、彼の意見は入れられず、公卿たちの決定によって二人は処刑されてしまう。

田村麻呂は朝廷の意向に逆らったことがなく、胆沢城建設の際も蝦夷に過酷な処置をした。彼は乱後の胆沢経営を行なう立場にいたから、阿弖流為と母礼を帰還させた方が蝦夷統治に有利だと判断して助命を請うただけなのかもしれない。そうであれば御山に建てられた出羽神社は京の貴族がよくやる怨霊鎮めだったのだろう。だが、朝廷の命に従ってはいても田村麻呂に阿弖流為を悼む心があったのなら、この神社は慰霊のための建立だったとも考えられる。

いずれにせよこの御山周辺は、阿弖流為本拠地の有力な候補である。

この延暦八年の敗北ののち、七九四年（延暦十三）に大伴弟麻呂《おおとものおとまろ》を征夷大使とし、百済王俊哲、坂上田村麻呂の二人を副使として十万の大軍が胆沢に殺到した。田村麻呂は更に、八〇一年（延暦二十）の三回目の遠征で按察使兼鎮守将軍となって四万人の総指揮を執り、再度胆沢を攻めている。

この八〇一年九月、田村麻呂は蝦夷平定を述べて胆沢城の造営を始める。その翌八〇二年（延暦二十一）に阿弖流為と母礼ら五百人の蝦夷が降り、二十八年も続いた東北の動乱は終わるのである。

この胆沢攻防戦での蝦夷側の損害を見てみよう。三回目の戦闘の詳細は不明だが、一回目の蝦夷の戦死者は八十九人、二回目が四百五十七人と奏言されている。やはり十万の大軍を擁した二回目の方が多く、このときは百五十人が捕虜にされてもいる。また官軍は二回目の戦いでは意識的に馬を捕獲し、その数は八十五頭に上った。これは全国二十七の牧から献上される年間百五頭に比すればかなりの数で、官軍は駿馬とされる蝦夷の馬を意図的に捕獲して歩いたとみえる。

大きな被害ではあるが、五万余、十万余の大軍と戦った割には、蝦夷の死者数は少ないともいえる。それは官軍が徹底した焼土作戦を取ったからで、特に二回目は戦闘するよりも十万の軍で威嚇し、村を焼くのを目的にしたのではないかと思われるほどそれが顕著だった。

一回目に焼かれた蝦夷の村は十四村で焼失家屋は八百宅、二回目には一回目の五倍を超える七十五村が焼亡している。蝦夷は十万の大軍に対してゲリラ的に戦うしか術がなく、目の前で焼かれる村々を歯噛みしながら見守ったことだろう。これで生産手段のほとんどは失われ、蝦夷は困窮を窮めたに違いない。三回目の遠征を待つまでもなく、事実上これで勝負はついている。

因みに一回目での八百宅を十四村で割ると、一村当りの宅数は五十七。これを二回目の征夷戦での七十五村に当て嵌め、一回目と二回目を合計してみる。すると（十四＋七十五）×五十七で、五千七十三宅になる。

この宅数は律令制でいう戸ではなく、焼かれた家屋の数に他ならない。一宅に平均五人が暮らしていたと仮定すれば、二万五千三百六十五人が焼け出された計算になる。

これを律令制の郷に当て嵌めてみる。前述したように律令制の郷は五十戸を一郷としたが、一戸は一軒ではなく、親族の集合体であった。従って三代家族ともなれば数軒の家を所有し、一戸は数人の場合もあれば数十人という大きな戸もあった。一戸を平均十人とすれば一郷で五百人、二十人ならば千人である。

焼け出された二万五千三百六十五人という蝦夷の数を律令制の郷に換算すれば、一郷五百人で五十郷、千人なら二十五郷になる。当時、能登国は四郡二十六郷、加賀国でも四郡三十郷であったから、胆沢蝦夷の村はこれらの国に匹敵するか、もしくは倍することになる。胆沢は将に蝦夷の大きな共同体だったのである。

この広大な胆沢蝦夷の故郷は、ほとんど廃墟と化し、田村麻呂はそこに胆沢城を築いて四千の浮浪人を柵戸として入れた。

この当時の胆沢の郷名は不明だが、後の倭名抄には胆沢郡五郷として白河、下野、常石《ときわ》、上総、白鳥の郷名が載っている。これらの郷名が柵戸の出身地を表わしているのは明らかだろう。

またこの四千人の後にも柵戸が増やされた可能性もある。遠野物語には、八〇六年（大同一）に甲斐国から移ってきたために大同と称される旧家の話が載っている。これは柵戸として移住させられた家と考えられ、延暦の後にも柵戸が入れられたことを傍証している。

この胆沢城の造営と柵戸の移住は、事実上官軍が勝ったことを知らしめるものとなり、この翌年、ついに阿弖流為と母礼は降伏する。そして始まった田村麻呂の胆沢統治は、その足下で暮らさなければならなくなった蝦夷にとって過酷極まるものとなった。

胆沢城の西側に隣接して存在する膳性《ぜんしょう》・今泉の二つの遺跡は、古墳時代後期から奈良時代にかけての集落址で、平安時代の遺物も出るが平安時代初頭には消滅している。三百年近く蝦夷が生活してきたこの二つの集落は、平安時代初頭の胆沢城造営に伴って廃村とされたのである。

また城周辺の四キロ圏内にある平安時代の集落からは、武器を含む鉄製品や須恵器、墨書土器などの律令的土器が多量に出るのに対し、城から五・五キロ以遠の集落にはそのような物が一切見られない。前者が柵戸の郷、後者が蝦夷の村なのは明らかだが、膳性・今泉の遺跡に見られるように、田村麻呂は胆沢城造営に際して、蝦夷を五・五キロ圏外（当時の里程で十里外）に追ったのである。

この二つの領域には一・五キロの差があるが、それは耕地か、もしくは緩衝地帯として無住にされた区域であろう。いずれにせよ浮浪人の柵戸四千人のために、この五・五キロ圏内の土地は蝦夷から簒奪されたのだ。

このように田村麻呂の統治は蝦夷にとって過酷なものだったが、これはまたそれ以前の柵戸と蝦夷の状況を推測させるものでもある。蝦夷から土地を簒奪し、城周辺に柵戸を置くという政策の具体例が胆沢から見つかったと言ってもよい。

田村麻呂はまた多くの蝦夷を遠国に配流してもいる。無論この施策は田村麻呂以前から行なわれてはいたが、胆沢攻略の頃が最も多かったと推定され、田村麻呂の統治はもっぱら蝦夷の反抗を押さえ込むことに主眼が置かれた。

朝廷は蝦夷の配流は王化を施すためだとしたが、実態は反抗しそうな蝦夷を流し、更に蝦夷の数自体をも減らして、当国経営をやり易くするためのものだったことは明らかだろう。

田村麻呂は敵の痛みを知る温情家として後年語られるようになる。だが胆沢統治やその前後の蝦夷配流を見ると、温情的政治とは全く掛け離れた武断政治であったと言うしかない。もっともこれを田村麻呂独自の政策だと決めつけるつもりはない。これは桓武天皇の命に基づいたもので、田村麻呂はそれを忠実に履行しただけなのかもしれない。

いずれにせよ田村麻呂の言動で残っているのは、阿弖流為や母礼の助命を請うたことだけだから、彼の心情の本当のところは分からない。だが彼の心情はどうあれ、朝廷の蝦夷統治の実態は過酷であり、蝦夷が歓迎するような政治でなかったことは確かである。それこそが延々と繰り返される蝦夷叛乱の元凶であったと言えるだろう。

（二）蝦夷とアイヌ

蝦夷はアイヌかという議論が何度も繰り返され、前項の阿弖流為についても同様な議論がされているが、未だに結論を得ない。それだけ複雑な問題で、文献資料が存在しないこともこれに輪を掛けている。この項では閑話休題して、蝦夷とアイヌの問題に少し触れてみたい。

東北地方、特に青森・秋田・岩手にアイヌ語地名が多く残されていることはよく知られ、宮城・山形・福島にも少数存在するといわれる。これは明らかにアイヌ民族の南下を意味するが、それがいつか、また裏付ける資料はあるのかと問われると、これが難しい。

いまアイヌの南下を示しそうなものとして、一つの土器が注目されているが、これも多くの研究者が指摘するように、決定打とは言えない。とは言っても確かに土器は南下しているので、まずそれから触れてみよう。

縄文時代の北海道の土器分布は、石狩低湿地を境として南北で異なり、北側は北方アジア的土器、南側は縄文土器である。縄文晩期の亀ヶ岡式土器は道南から青森にかけて分布するから、少なくとも道南と青森の文化的繋がりは存在したと言っていい。

続縄文時代になると南側で出土する恵山式土器には、縄文の亀ヶ岡式と福島県白河市出土の弥生土器である天王山式の影響が見られ、北側では前北式から後北式へと進み、最晩期の北大式土器には土師器の影響が考えられるので、石狩低地で分かれるといっても全く分断されていた訳ではないようだ。

で、問題はこの後北式土器なのである。この土器は系統としては北方的であるのに、出土地の北限が石狩低湿地までになり、これまでの南側の土器分布に重なる。更にこのうちC2―D式と言われる土器が著しく拡大して東北の青森・秋田・岩手、更には宮城からも出土する。この土器は天王山式に類似するというから、弥生土器の影響を受けているのは間違いない。

後北式は基本的にAからDの五段階に分類されたうえで、それが更に細分される。これらの年代はいまだ統一されず、C式を四～五世紀とするものから、C・D式を八世紀に比定するものまである。個人的には宮城県内の土器比定を行なった高橋誠明氏の見解が最も妥当と思われる。それによると、宮城県内十三遺跡から出土した後北C2―D式は四段階に分類されるが、総体の年代幅は弥生末期から四世紀末までと結論されている。

後北C2―D式の南下を弥生末期の四世紀初頭から四世紀末としたとき、常識的には北アジア的な後北式をアイヌ系土器と考えて、後北C2―D式の南下と伴にアイヌ民族も四世紀に南下したと考えたいところだが、これが一筋縄ではいかない。

後北C2―D式の本州での分布は、福島を除く東北五県で、出土地は約五十ヶ所。秋田での出土は米代川までで、それから南にはないが、何故か山形の寒河江などでも発見されている。岩手・宮城には北上川に沿って南下しているから、この山形のものは宮城側から入ったとも考えられる。

この土器は多くの出土地を持ちながら、遺構を伴わない。遺構から出土したと確認されたのは、秋田県能代市の寒川遺跡ひとつのみ。あとは表面採集の破片がほとんどで、そこに根付いて生活した根拠は乏しいと言わざるを得ない。

以上の状況から後北C2―D式とアイヌ語地名の分布を比較すると、どう見てもアイヌ語地名の方が広範囲に存在している。ある民族の言葉が地名として定着し、後から来た民族がそれに倣って地名を使い続けるためには、先住民族の強固な土着性が必要であろう。しかしこの遺構を伴わない土器の出土状況では、その土着性が弱く、更に土器出土地の他にもアイヌ語地名があるとなれば、可能な答えは一つだけ、つまり、アイヌ民族の南下はC2―D式よりも前に始まっていたと推論するしかないのではないか。

土器拡散で言えば、四世紀より遙か前の縄文時代にもそれはあった。縄文前期に道南から東北北部にかけて出土する円筒式土器は、米代川から盛岡、宮古の線まで南下して、秋田平野から大曲までは南の大木式土器と重複する。また大木式土器の方も北進して鹿角の清水向遺跡を北限とする。これが縄文中期末になると更に拡散し、南の大木式は米代川河口の能代に達し、北の円筒式は南下して能登半島でも出土するようになる。

　この土器分布にどの程度の土着性が認められるかは、まだ明言できない。発掘が更に進めばもっと明らかになってくると期待するしかないが、ただこの土器拡散がアイヌの南下だとするためには、定説化している説を覆さねばならない。アイヌの居住圏を石狩低湿地以北とする定説である。円筒式土器は道南以南に分布する土器だから、これを伴ってアイヌが南下したとすれば、石狩低湿地以南の文化を形成したのもアイヌ民族だったとするしかないことになる。

　その意味では六〇年代に亀ヶ岡式文化の担い手こそアイヌの祖先だとされた清水潤三氏の主張は、一考に値するのではないか。円筒式土器も後の後北式土器も道南が発祥だとなれば、アイヌの居住地を石狩低湿地で区切ること自体に無理がある。石狩低湿地で一線を画さず、より巨視的にアイヌの南下を捉えねばならないと思う。

　炭化米や籾痕土器が下北半島や津軽で発見され、弘前の砂沢遺跡や、南津軽田舎館の垂柳遺跡では水田跡が発見されている。寒冷化などによってこれが一時衰退したとしても、そこまで稲作が達したのは古代の文化交流が想像以上に広くかつ早いことを示している。仙台平野の北の胆沢でも弥生後期には稲作が始まり、天王山式土器が出土することから考えれば、後北式が宮城に達する四世紀をアイヌの南下と捉えるのでは遅すぎる。アイヌが先住し、それによって地名が定着したとすれば、それはずっと前に遡ると思うが、今はそれを裏付ける手段はなく、いつかそれが証明されることを期待するしかない。

正史は蝦夷を田夷と山夷に別けて記述することがあり、この田夷を和人系、山夷をアイヌ系と捉える人もいる。だがこれもそう単純ではあるまい。稲作ができる土地まで達したアイヌには、田作りをして定着した部族もいただろうし、山間部にいても半農半猟の生活をした本州人もいただろう。弥生時代であっても稲作だけで人が生活できた筈はなく、狩猟漁猟に頼るのは当然で、それは居住地の立地によって左右された筈である。ただマタギの山言葉にアイヌ語の単語が残されていることを見れば、アイヌ語は山間部により強く残ったとは思われる。

また古来より蝦夷が弓に巧みであったと言われるのは、狩猟に従事する頻度が高かったからだとも考えられる。蝦夷の弓は狩猟用だったから山中では官軍のような長弓は不便で、当然短弓を使った。蝦夷が弓を首に掛け矢を髻《たぶさ》に刺すという記述は、短弓だからこそできることである。では蝦夷の弓は短弓ゆえに貫通力は弱かったかといえば、これがそうとも限らない。

東北アジアに一般的な弓は、短弓であって和弓のような長弓の方が異端だ。魏志挹婁《ゆうろう》伝には弓は長さ四尺、その力は弩《ど》の如しとあるから、石弓に比肩できるほどの強力な短弓もあった。蝦夷の弓がどの程度のものかは分からないが、朝廷が蝦夷の弓と馬を恐れたのは確かで、「弓馬の戦闘は夷獠《いりょう》の生習。平民の十その一に敵す能わず」という言い回しが正史によく表われるのは、蝦夷がもっぱら弓馬によって戦い、それが滅法強かったことを意味している。

また蝦夷の馬は良馬とされた。都の貴族がこぞってそれを求めたため朝廷は何度も禁令を発している。養老年間には出羽と渡嶋《わたりのしま》の蝦夷が馬千頭を献じた記事もあるから、東北から道南にかけて、蝦夷による馬の飼育は盛んに行なわれていたのだろう。

アイヌは弓による狩猟によく毒を用いた。それは蝦夷も同じであった筈で、それはアジアの狩猟民に共通のものでもある。空海は「贈野陸州歌」で髻の中に毒の箭《や》を挿し、と蝦夷を称しているから、それはかなり知られたことだったのだろう。

この毒は鳥兜の根から採る附子《ぶす》だと思われ、近世アイヌもそれを使った。附子をアイヌ語ではスルクまたはスクというから、蝦夷もその単語を使っていたかもしれない。

また弓だけでなく、蝦夷は独特な刀も使っている。官軍の直刀と違い、刀身に対して柄に角度を付けた蕨手刀《わらびてとう》という小振りの刀がそれで、敢えてそうしたのは、この刀が柄の部分も含めた一本作りのために、打撃のショックが大きく、それを柔らげるためとも、馬上で抜き易いためとも言われる。蕨手刀は後に大型化して毛抜き型大刀となるが、これが反りを持った日本刀の原型になったという説もある。

だがこの蕨手刀は製鉄の温度が低かったため組成に脆さがあった。蝦夷の刀は弓と同様に戦闘用というよりは狩猟用で、そのためそれほどの強度を必要としなかったのかもしれない。

九世紀に入る頃、つまり延暦での蝦夷征討の頃から、蝦夷は鉄製造を奪われていく。関市令《げんしれい》の弓箭条には東辺北辺には鉄冶を置くなという規定があり、胆沢制圧後にこの規定が厳格さを増したのではないかと思われる。東辺とは陸奥の蝦夷境、北辺とは出羽の蝦夷境である。

そのためか陸奥の製鉄はもっぱら福島で行なわれ、国府付近から出土するものは、福島に比べて小規模なものしかなく、それも多賀城までである。多賀城の東四キロにある柏木遺跡から製鉄炉が出ているが、蝦夷境となる胆沢城付近では官制製鉄炉が発見されていない。これは出羽の秋田城も同じである。出土するのは鍛冶炉だけで、製鉄炉は九世紀後半以降になり、数も少なく、官制の炉とも思えない。

古墳時代から行なわれていた蕨手刀の製造は八世紀末でほぼ止まり、それから五十年近く蝦夷の製鉄は低迷する。蝦夷が製鉄を取り戻すのは、この書の主題である元慶の乱の少し前である。それだけをとっても、この乱は蝦夷の復興と無関係ではない。

九世紀後半、それも末期に近い頃から急増する蝦夷の鉄を象徴する言葉が、いまも残っている。アイヌ語の刀には、エムスまたはエムシの語があり、鳥海山麓のマタギは山刀をエミシやエムシと言うという。これは紛れもなく蝦夷からきた語である。だが一方、その蝦夷の地のただ中にあった秋田阿仁のマタギは、山刀をナガサと言うそうである。

秋田北部から隔たった鳥海山や北海道アイヌが蝦夷を意味する語を使うのは、蝦夷が作った鉄が周辺に出回り、蝦夷の刀と呼ばれ出したからに違いなく、翻って生産地の米代川に近い当の蝦夷は、それを別の言葉で呼んだということであろう。

九世紀初頭から鉄を奪われた蝦夷は、太刀打ちの戦ではなく弓馬を主体に戦うようになり、それが一層蝦夷が弓馬戦に強いことを際立たせた。元慶の乱でも蝦夷は専ら弓馬によって戦い、官軍を破っていったと思われる。鎌倉武士以降、戦闘訓練を「弓馬の道」と言うようになるが、これは坂東の人々が長年蝦夷と戦わされた結果、蝦夷の戦闘から学んだ術《すべ》だと推測していいかもしれない。

さてこの項の最後に阿弖流為の名について触れたい。浅井亨氏は「蝦夷」の「蝦夷語のこと」のなかで、江戸時代の根室地方のアイヌは生まれた子に固定した名をつけるのではなく、もっと自由であったと言う。例えばヲタヌシケ（砂地の真中）、ハケウエンベ（禿頭）など、人の名は特徴を捉えた謂わば呼び名であったと言われる。そのため成長に従って名が代わることもあり得た。

十八世紀の「津軽一統志」にはアイヌ名と思われる人名が載るが、聞き取りによるためかなり変形しているそうだ。氏はまして六国史の蝦夷の人名は、漢字による当て字表記故に、アイヌ語らしく見えても判読が難しいとされる。しかしそれでもいくつかはアイヌ語として読める名があるそうである。アテルイもその一つで、正史では阿弖流為または阿弖利為と記されるが、アイヌ語にアッテルィという語があり、「気前のよい」という意味であるという。これがアテルイという名の由来であれば、その呼び名は首長となってからのもので、彼はアイヌ人であったということになる。

おそらくは縄文時代に南下し、定着して稲作も始めたアイヌ人はその後に移動してきた和人と時には争い、時には融合して混交していったのだろう。阿弖流為はそのなかで信頼を得る首長となり、和人も含めて侵略してくる朝廷軍と戦うことを余儀なくされた。朝廷にとってはアイヌ人も和人も等しく蝦夷であり、まつろわぬ者である。そう勝手に決めつけられた蝦夷は、朝廷の侵略対象となり、武力によって耕地を取り上げられる存在となった。

蝦夷は耕作しながら戦わねばならないが、官軍は朝廷によって否応なく集められた百姓兵だ。官軍はいつでも蝦夷を攻撃することができたが、蝦夷はそうはいかなかった。そんな蝦夷にとって、村を焼かれ生産手段を失うことは痛手であった。阿弖流為と母礼はそのような厳しい状況で戦い、そしてついには処刑されたのである。

（三）国府移転

a　秋田城停廃

阿弖流為と母礼が降る前後、蝦夷の抵抗を抑え込むため、出羽と陸奥に立て続けに大きな城柵が造られた。八〇二年（延暦二十一）の胆沢城造営と平行して山本郡の横手盆地に払田柵を造り、翌八〇三年には盛岡市西郊に志波城を造った。払田柵の成立は、発掘調査による年代測定でほぼ確定されているが、正史には記録がない。

この後、朝廷支配が強化される記述が続く。とは言っても、陸奥にはまだ散発的な抵抗はあり、出羽は陸奥より更に不穏で、国府を脅かす事態も発生していたようである。

志波城が造られた八〇三年に、陸奥で海道の蝦夷が蜂起して小田郡中山の柵を落とした。この柵は多賀城の北を囲む黒川以北十郡の城柵郡衙の海寄りに位置し、郡内に黄金山《こがねやま》神社がある。

この社は奈良の大仏造営に使われた砂金が採れた所だから、陸奥にとって重要な郡であったに違いない。八〇四年（延暦二十三）一月に武蔵国など六ヶ国から陸奥に軍糧を運べとの勅が出されているから、征討が行なわれたと思われる。

また同じ年、出羽では秋田城の機能が「停廃」された。

「『秋田城建置以来四十余年、土地墝埆《ぎょうかく》にして五穀に宜しからず、加えて北隅に孤居して相救う隣なし。伏して永く停廃に従うを望み、河辺府を保《まも》る者《てえり》』宜しく城を停めて郡となす。土人浪人を論ぜず彼の城に住む者を以て編附せよ」

これは『　』で括った出羽国の奏言によって、秋田城を停廃して河辺府に拠り、秋田は郡にすると決したものだが、同時に城に住む者で郡を組織しろと言ってもいる。秋田城がこの後も存続したのは発掘調査からも明らかなので、これは廃城という訳ではない。では「停廃」とは何なのか。また河辺府は何処か。この奏言と勅符にはそれが語られていない。

言葉が省略されても、当時にはそれで充分だったのだろう。だが後年の者にとってこの省略は有難くない。この頃、出羽国府は酒田から秋田城に移されていたと考えるのが主流だが、抑も出羽国府の所在地についての記述は極めて少なく、秋田城がいつ国府になったのかも正史にない。そのため国府移転を否定する説も存在する。秋田城に関する記述のうち確かなのは秋田城の前身である出羽柵が造られた年だけである。

また出羽国府の所在地で確定しているのは、城輪《きのわ》柵しかないと言ってもいい。八八七年（仁和三）に水害を避けるため、国府を出羽郡井口からより高敞の地（高い土地）に移そうとする論議が載るが、この井口にあった国府が八〇四年（延暦二十三）の決定によって造営された国府で、それを城輪柵に比定する見解には、ほとんど異論が出されていない。

このように出羽国の記述は正史に省略されることが多く、実態が分かりづらい。出羽国府や秋田城の問題が確定しないのも、それが原因である。そこでこれらの国府や秋田城に関わる問題をここで一括して取り上げてみたい。

まずは仁和三年までの正史の記述を再掲してみよう。

（一）七三三年（天平五）

出羽柵を秋田村高清水岡に遷《うつ》す。

（二）七三七年（天平九）

大野東人が陸奥の多賀柵から出羽柵までの道を拓こうとするが断念。その上奏文には「陸奥国従《よ》り出羽柵に達す。道に男勝《おかち》を経る。行程迂遠。請う、男勝村を征し以て直路を通ぜんことを」とある。

（三）七五九年（天平宝字三）

出羽に六駅を置く。雄勝城造営。

（四）七七五年（宝亀六）

陸奥で桃生城が襲撃された翌年、出羽も不穏になり、国府は「蝦夷の余燼猶未だ平殄せず、三年の間鎮兵九九六人を請うて、且《か》つ要害を鎮り、且つ国府を遷さんとす」と上奏。朝廷は「相模・武蔵・上野・下野四国の兵士をして発遣せしむ」と勅す。

（五）七八〇年（宝亀十一）

陸奥の伊治城で呰麻呂が蜂起し、紀広純を殺した年、出羽でも蝦夷の蜂起が広がり、大室の塞が奪われ、由理柵が孤立した。

鎮狄将軍安倍家麻呂は「狄志良須《しらす》、俘囚宇奈古《うなこ》ら欵《なげ》きて曰す。己ら官威に憑きて拠り久しく城下に居り。今この秋田城は遂に永く棄てる所か、番を為し旧《もと》により還《かえ》りて保《まも》らんか者《てえり》」と奏言。旧により還りて保らんか、としていることから、この時秋田城は一時放棄されていたとみられる。

この奏言に対して朝廷は「夫《そ》れ秋田城は前代の将相僉議《あいせんぎ》して建てる所」だから「之を　棄てるは甚だ善計に非ず」として退け、多少の軍士を遣わして鎮守とし、使もしくは国司一人を専当とせよと命ずるとともに、由理柵にも兵を遣わして相助けて防禦せよと述べたあとに次のように続ける。

「但し以て宝亀の初めに国司言《もう》す。『秋田は保《まも》るに難く、河辺は治め易し』者《てえり》。当時の議は河辺を治むるに依れり。然れども今以て歳月を積むに、尚未だ移徙せず。此を以て之を言わば、百姓遷るを重《はば》かるは明らけし。宜しく此の情を存じ、狄俘并《ならび》に百姓等に歴問し、具に彼此の利害を言《もう》すべし」

秋田は守りがたく河辺は治めやすいと言っていたのに、未だに移っていないではないか、と朝廷が詰問しているところを見ると、「宝亀の初め」に秋田から河辺への移転を出羽国が要請し、朝廷はそれに許可を与えていたが、結局この宝亀十一年に至るまで実行できずにいたと推測できる。それ故、今更そう言っても百姓は移動を納得しまいと指摘している。

(六) 八〇四年 (延暦二十三)

「『秋田城建置以来四十余年、土地墝埆にして五穀に宜しからず、加えて北隅に孤居して相救う隣なし。伏して永く停廃に従うを望み、河辺府を保る者《てえり》』宜しく城を停めて郡となす。土人浪人を論ぜず彼の城に住む者を以て編附せよ」

これによって遂に秋田城は「停廃」され、郡となった。

(七) 八八七年 (仁和三)

出羽守坂上茂樹が次のように国府の移転を訴えた。

「国府は出羽郡井口の地にあり。則ち是は去る延暦年中、陸奥守従五位上小野朝臣岑守、大将軍従三位坂上大宿祢田村麻呂と論じ奏するに拠りて建てる所也。去る嘉祥三年、地大いに震え動き、形勢変改、既に窪泥と成る。之に加えて海水漲り移りて府の六里の所に迫る」として、最上郡大山郷保宝士野に国府を移したいと上奏。

朝廷は最上郡では交通に不便だとして、「須く旧府に近き側の高敞の地を択びて閑月に遷造し農務を妨げざるべし」として井口近くの高台への移転を許可。

以上が出羽国府と秋田城に関する記述だが、この問題では国府が庄内から秋田に移っているとする秋田城国府説と、国府は庄内から出ていないとする庄内説とが対立し、それが現在でも論議の中核をなしている。しかし一方、この両者とは全く異なる説が高橋富雄氏から唱えられてもいる。そこで秋田城説と庄内説を考える前に、まず高橋説から検討してみよう。

高橋氏は一九六七から七三年にかけて三次に渡って行なわれた五城目町石崎遺跡の発掘に関わったが、その結果出羽国府の変遷を次のように推論した。

氏は秋田の出羽柵と秋田城は別個の城柵であり、七三三年に高清水の岡に出羽柵が造られてから三十年ほど経った天平宝字年間に石崎に秋田城が造られたとする。天平宝字年間の造営と考えるのは、（六）の「秋田城建置以来四十余年」の記述から年数を逆算した結果である。つまり氏の主張では、石崎遺跡は初期秋田城であって、秋田には石崎の秋田城と高清水の出羽柵が並列して存在していたということになる。

延暦二十三年に石崎の秋田城は停廃されて、河辺府に移るが、この河辺とは最上河辺（後述する）の意ではなく、秋田河辺であり、これは高清水の出羽柵のことであるという。そしてこの時、城を停めて郡としたことによって、石崎の秋田城は秋田郡衙に改変されたと考える。

このように高橋氏の説は、かなり複雑だが、石崎遺跡を発掘した高橋氏は、この遺跡への思い入れが強かったのだろう。氏の説は秋田城や五城目の各遺跡の発掘が本格化する前のものだったからやむを得ない面があるが、今では石崎遺跡を初期秋田城とするには、無理があると考えられている。

秋田城発掘調査事務所の小松正夫氏は、石崎遺跡からは奈良時代の遺物がほとんど出土しないため、この城柵は平安時代の遺構とされる。また近年発掘され石崎の城柵遺構と関連すると考えられる開防《かいぼう》遺跡や貝保《かいほ》遺跡も、古墳・奈良時代の在地性の強い集落の跡に、九世紀以降に計画的に営まれた遺跡だということが明らかになっている。その様相からは、石崎遺跡を初期秋田城とするのは難しい。

高橋氏の説は、石崎遺跡を初期秋田城としない限り成立し得ないが、それとは別に秋田城停廃の後、石崎遺跡が秋田郡衙だったかどうかは、検討されるべき課題として残る。五城目町は元慶の乱の時の大河村と推定されるから、この問題は正史の元慶の乱の記述に関わり、古代大河村の実態にも関わるので、四章の「石崎遺跡と秋田郡衙説」で五城目町遺跡と併せて述べることにしたい。

さて高橋説を除いた秋田城国府説と非国府説（国府庄内説）についてである。秋田城や城輪柵、また払田柵などの発掘調査が行なわれる前から、この両説は存在するが、この際それは置くとして、考古資料が増えて以降の説についてみると、これらの発掘、とりわけ秋田城のそれが進むにつれて、秋田城国府説が主流になっていったと言っていいであろう。平川南氏や新野直吉氏、小野忍、佐藤禎宏などの各氏が、秋田城国府説を展開し、各々に相違はありながらも、秋田城国府説が研究者間で大勢を占めていたのは紛れもない事実である。

ところが近年、これに対して真っ向から反対する見解を今泉隆雄氏が提唱した。ひと言で言えば、出羽国府は庄内地方から出たことはなく、何度かの国府移転も庄内の内で、秋田城に国府が移ったことはないという主張である。

それだけなら従来の国府庄内説とさほど変わらないが、氏の説は詳細な史料分析によって秋田城国府説の論点を次々と批判し、国府庄内説を展開している。氏の説の構成はかなり精緻であるだけに、熊谷公男氏や荒木志伸氏などを始め、今泉説への支持は確実に増えているようである。しかし、それに対して秋田城説からは明確な反論がされているようには見えない。

今泉氏は、秋田城国府説への批判として、まず庄内から秋田への国府移転時期を取り上げる。秋田城国府説を主張する先の人々は、各氏とも七三三年（天平五）を移転の年とした（但し、新野氏は後に国府移転を天平宝字年中に訂正している）。これは（一）の秋田出羽柵設置と同時に国府も移ったとするもので、（二）で大野東人が陸奥国府から出羽柵への道を拓こうとしたことが、その根拠になっている。つまり、この道は陸奥国府と出羽国府を結ぼうとしたもの。目的地が「出羽柵」とある以上、出羽国府は秋田出羽柵にあった、と考えるのである。

これに対して今泉氏は、大野東人の（二）の奏言は始点を「陸奥国」とし、終点（目的地）を「出羽柵」としているが、「陸奥国」は陸奥国府の意であり、この道が陸奥国府と出羽国府を結ぶものであったのなら、始点の「陸奥国」に対応して、終点は「出羽国」と記された筈で、「出羽柵」と記されたこと自体が秋田出羽柵が国府ではなかったことの証であると主張する。

わたしは庄内説ではなく秋田城国府説を採るが、この今泉氏の指摘には賛同する。確かに目的地が出羽柵であるのに、これを国府間を結ぶ道とするのは不合理であろう。またこの七三三年移転説には、氏の指摘とは別の疑問もある。高橋富雄氏の説にある（六）の八〇四年の奏言、「秋田城建置以来四十余年」の記述との矛盾だ。

出羽柵の設置から八〇四年までは七十一年もあり「建置以来四十余年」との整合性が取れない。この「秋田城建置」は出羽柵を造った年を言ったのではなく、出羽柵が秋田城と改称され、国府が置かれた年を指すと考えるべきだとわたしは思うが、八〇四年の四十年前は七六四年で、余とされているところから、それよりは何年か前であろうから、これは天平宝字年中にあたる。この点からしても、秋田城への国府移転を七三三年とするのは無理があり、新野氏が国府移転時期を修正したのも肯ける。

次に今泉氏は、国府について記されたものと秋田城について記されたものを、区別すべきだと主張する。これは主として平川氏によって展開された説に対する批判であると言える。平川氏は、(四)宝亀六年条と(五)宝亀十一年条、それに(六)延暦二十三年条と(七)仁和三年条が相互に関連して、秋田にあった国府の移転・停廃に係わるとしたが、今泉氏はそれは誤りで、(四)宝亀六年条と(七)仁和三年条は国府に関すること、(五)宝亀十一年条と(六)延暦二十三年条は秋田城に関することであって、これらは区別すべきだとする。

この史料分析が今泉氏の反証の重要な部分だと思うが、先の七三三年の国府移転問題とは異なり、ここでの氏の説には賛成できない。特に問題となるのは(五)宝亀十一年条が(四)宝亀六年の国府移転の要請と無関係であるかどうかの解釈である。だがその関連性の検討に入る前に(四)の解釈についての今泉氏の見解を挙げてみよう。

「『蝦夷の余燼猶未だ平殄せず』は鎮兵徴発の理由であって、国府移転の直接の理由ではない。この史料自体が国府移転を命じたものではなく、坂東からの鎮兵の発遣を命じたものであることに注意すべきである。蝦夷の不穏な状況が国府移転の直接の理由ではないから、国府が状況不安定な地域にあったとはいえず、この国府を秋田城とするわけにはいかない。」

この奏言が鎮兵徴発が理由で、国府移転の直接の理由ではないと今泉氏がいうのは、奏言に対する朝廷の回答が、四ヶ国兵士の発遣しか述べていないからである。氏は(六)の秋田城停廃の条でも、勅符に河辺府への移転の許可が記載されていないとして、これは秋田城停廃だけを認めて、河辺府への移転を許可しなかったのだとしている。つまり今泉氏は、正史に記述のないものは実現されなかったとする立場を取っているのだろう。

しかし正史にはかなり省略があり、記述がないからといって実現しなかったとは必ずしも言えない。例えば本書の「元慶の乱」の章に、乱を終息させた元慶三年三月二日の奏言を載せているが、そこで藤原保則は蝦夷の恭順を許すべきだという論を展開し、もし再び蝦夷が叛旗を翻しても他国の甲冑を出羽に留め、例兵を整えれば恐るるに足りないと述べたうえで、それとも恭順を許さず大軍を発して討滅されますかと伺いを立てている。しかしそれに対する朝廷の返答は「上野下野両国の軍に在る甲冑器仗をして出羽国に留め付けしむ」とだけあって、他の文言は省略されている。

今泉氏の論であれば、これは蝦夷の恭順を認めなかったという結論になるが、事実はこれで乱は終わり、鎮守将軍や他国の兵は帰って、藤原保則は戦後処理に入っている。つまり朝廷は保則の言を入れて蝦夷の恭順を許しているのである。従って㈥の勅符をもって河辺府への移転がなかったとは、言い切れないだろう。

特に㈣に関して「蝦夷の不穏な状況が国府移転の直接の理由ではない」としたことについては、違和感が強い。

勅符が鎮兵の派遣にしか触れていないといっても、この時の国府の要望は事実それだけではなかった。奏言には「三年の間鎮兵九九六人を請うて、且《か》つ要害を鎮り、且つ国府を遷さんとす」とあり、鎮兵の要請と要害を守り国府を遷すことが「且つ」で結ばれ、同等の要望になっている。とすれば、蝦夷の不穏な状況が国府を移転したいという出羽国府の理由であるのは明らかで、これを無視して「直接の理由ではない」とする解釈には無理があろう。この時、国府を移してはいるわけではないが、出羽国から国府移転の要望があったことは認めなければならない。

では次に、先に触れた（四）宝亀六年条と（五）宝亀十一年条の関係について考えてみよう。

平川氏や新野氏は、（五）宝亀十一年条の「宝亀の初め」とは（四）の宝亀六年条のことだと考えるのに対し、今泉氏はそれを否定して、これらは全く別個の記述であるとする。

確かに（四）は国府に関する記述、（五）は秋田城に関する記述であるのが明らかだから、今泉氏が国府に関する条と秋田城に関する条を殊更に区別して見せたのは、将にこの二つの条項の相関を否定したかったからに他ならない。

わたしは平川氏や新野氏が、この（四）と（五）が関連していると判断した点については異論がなく、これは秋田城に国府があったことを傍証する史料であると考えている。では以下、（四）と（五）の問題とはどんなものか、わたしなりの解釈を次に述べてみる。
（五）の宝亀十一年に、出羽国府が秋田城を放棄するかどうかという問いを発し、それに答える勅符に「宝亀の初めに国司言す」という文言が表われるが、この宝亀の初めとは（四）の宝亀六年のことと考えられる。宝亀十一年の前にそのような重大な奏言が出されたのは、これしかないからである。
ところが、この両年に述べられる対象が文章上は違っている。宝亀十一年の奏言は、「秋田城は遂に棄てる所か」と諮問しているのに対して、朝廷は宝亀六年の「国府を移さんとす」の奏言にある「秋田は保るに難く」を引いて、しかし今日に至るまで移さなかったではないかと指摘する。

つまり宝亀十一年の「秋田城」放棄の諾否について、宝亀六年の「国府」移転の話を引き合いに出していることになる。これは同じ対象を論じていると取れるので、朝廷は国府と秋田城を同一視していると考えるしかない。従って、宝亀十一年の勅符が宝亀六年の奏言を引用しているという点を否定しない限り、国府は秋田城にあったという結論になる筈である。

ここが分岐点となるので、今泉氏は当然のことにこの論法を否定する。そうしない限り、国府庄内説は成り立たないからである。これが（四）と（五）を今泉氏の眼目とした所以である。

今泉氏は、宝亀六年が「宝亀の初め」と表現されるのは不自然だから、国府移転と秋田城移転は全く別個の問題で、そこに関連性はないと主張する。そのため氏は、続日本紀に見える「宝亀の初め」の記述を拾っていく。この記述は薨卒死伝にのみあり、その最も遅いものでも宝亀三年二月であり、宝亀六年を「宝亀の初め」とすることはできないという。

しかし果たしてそうだろうか。

わたしは「宝亀の初め」とは、年次だけを言ったものではないと考えている。

陸奥出羽が不穏になるのは、宝亀五年の桃生城襲撃以降であり、宝亀十一年には呰麻呂の蜂起があって、出羽は更に深刻な事態に陥り、秋田城と庄内の間は分断されたも同然になった。宝亀十一年の問題は、宝亀五年以降ずっと続く戦乱の最中で起こっている。

戦乱以前の宝亀元年から四年は、この時の出羽の事態とは関わりがなく、問題となる宝亀六年は戦乱発生の翌年である。この宝亀の初めとは、戦乱が始まって以降のことを指していると考えるべきで、これは宝亀の騒乱の初めと読み替えてよいことだろう。

またこの時、国府が庄内にあったとすると、腑に落ちない問題が残る。

「国府を移さんとす」とまで奏上した宝亀六年の出羽国府の危機感は、国府が北にかけ離れた秋田にあってこそのものだ。出羽の南端である庄内平野に国府があり、そこすら危険だというのなら、国内に国府を移す場所はもうあるまい。逃げる先は越後国しかなくなり、出羽国を放棄するかどうかという差し迫った状況になる。そうであれば、これは国府移転どころの騒ぎではない。

また正史の上では庄内付近にまで戦乱が及んだという記述はなく、宝亀十一年の大乱でも、記述されているのは大室の塞や由理の柵での戦闘で、これは庄内と秋田の間で起こっている。危険だったのは秋田であって庄内ではないのである。とすれば、やはり国府は秋田城にあったと考える方が理に叶っている。

以上から今泉氏の説は採れず、この宝亀六年と十一年のやり取りには関連があったと考える。ではその立場からすると、国府はいつ秋田城に移ったのだろうか。

この問題を考えるには、先に述べた高橋氏指摘の「秋田城建置以来四十余年」と、今泉氏の七三三年の国府は秋田城ではないという主張を正しいとして、次のように想定できる。

(六)の「秋田城建置以来四十余年」の奏言が発せられたのは八〇四年で、その四十年前は七六四年。余年とあることを考慮すればこの少し前ということになる。

では七六四年の前で、秋田城への国府移転を示唆する出来事はないかというと、(三)の七五九年(天平宝字三)に秋田城近くまで駅を設置し、雄勝城を造ったのがそれに近く、この年は八〇四年の四十五年前である。

また秋田城の発掘調査では、いく片かの漆紙文書が出土しているが、その中にこの天平宝字三年頃と推定される文書があり、そこには出羽守と介の書名が入っている。これは解文(上申書)なので秋田城外から出されたものとも考えられ、秋田城が国府だという証明にはならないという指摘もあるが、「建置以来四十余年」の文言に適合することは否定できない。更に資料が出てくれば、この解文も国府保管の文書と判断される可能性は大きいだろう。

この天平宝字三年を、国府が秋田城に移った年と考えるのは、かなり有力である。

b 河辺府

次に河辺府の問題を考えてみる。

(五)に「宝亀の初めに国司言す。秋田は保るに難く、河辺は治め易しと」にある河辺と(六)で「河辺府を保る」とした河辺の府は同じ地域と考えてよいだろうが、河辺が属する郡の名が記されていないため、地名の比定を廻って意見が対立している。

奏言や勅符が河辺としか書かなかったのは、宝亀年間であれ延暦年間であれ、河辺はそう書くだけで特定可能なよく知られた地名だったからだと思われるが、しかしこれが現在では問題で、高橋富雄氏の出羽柵説を除けば、河辺府の所在地は庄内平野と払田柵の二つに概ね意見が分かれている。

高橋氏の説が成立し得ないことは前項で述べたので、ここでは庄内説に立つ吉田東伍氏の説から触れると、その要諦は庄内の旧出羽柵を最上川河辺の意味で河辺府と呼んだとするところにある。だがこれ自体が既に問題で、庄内の旧出羽柵を河辺府と言ったという記述は、どの史料にもない。

吉田氏は「府」とあることから旧出羽国府と推測されたのだろうが、これには根拠と言い得るものはなく、また最上川の河辺だからという理由を持ち出すのでは、地名としての河辺が最上川付近にはないと言っているに等しい。

河辺の所在地については、(五)の宝亀十一年の勅符をもっと重視すべきだと思う。この勅符は、宝亀の初めに移さなかったものを、今更河辺に移すと言っても百姓は納得しまいと指摘しているが、この部分の読み下しを再掲してみよう。

「但し以て宝亀の初めに国司言す《もう》。『秋田は保るに難く、河辺は治め易し』者《てえり》。当時の議は河辺を治むるに依れり。然れども今以て歳月を積むに、尚未だ移徙せず。此を以て之を言わば、百姓遷るを重《はば》かるは明らけし。宜しく此の情を存じ、狄俘并《ならび》に百姓等に歴問し、具に彼此の利害を言す《もう》べし」

「百姓遷るを重かるは明らけし」今更河辺に移ると言っても百姓が嫌がるのは明らかだ、と勅符は言う。つまり国府は治安のよい河辺に百姓ごと移りたいと希望したが、朝廷はそれは無理だと指摘したということになる。

また(五)や(六)の宝亀の移転論議に表われる「保る」という表現にももっと注意を払うべきだろう。先の「秋田は保るに難く、河辺は治め易し」や「河辺府を保る」は、秋田の保持は困難だが、河辺なら保持できる、ということで、出羽の北辺を守る意味が込められている。守りづらい秋田からは少し退くが、秋田を視野に捉え、しかも守りやすい河辺に拠点を移したいという意味だと思われる。これは秋田を完全に放棄するのではなく、後退はするが秋田を臨む地には留まるということに他ならない。

　庄内説のように、出羽の北端から南端への移動なら、百姓の全く見知らぬ土地への移動の強制になり、不安になった百姓は、逃散すら起こしかねないであろう。

　従って河辺は秋田に近い位置でなければならない。（五）の勅符で河辺に移るのでは百姓は納得しまいと言っているのも、近隣の河辺への移転であっても嫌がるだろうということであって、遙か南の庄内へ移れと言っている訳ではあるまい。

　庄内説は「府」の表現に固執して、旧出羽柵を前提とした論になっているように感じるが、ではこれを城輪柵に置き換えれば成立するのかと言うと、それも無理なのである。城輪柵は（六）にあるように延暦年間の造営であって、河辺府の記述が表われる宝亀の頃には存在しないからだ。

　では払田柵説はどうか。払田柵は、庄内に比べればずっと秋田に近く、その分（五）と（六）の奏言と勅符の文言に合っているとは言える。加えて払田柵は国衙級の城柵で、これが正史に載らないのが不思議なくらいだから、この柵を河辺府と考える主張にはかなり蓋然性があるように見える。

　とは言っても問題はある。（六）の秋田城停廃の時期と城輪柵の築城時期が非常に近いことである。河辺府が国府として機能したとしても、それは一、二年のごくわずかの期間ということになるが、払田柵は多賀城より広い面積を有し、国衙級の城柵である。ここに国府が移ったのなら、短期間で再び移す必要はなく、なぜ庄内に移転したのかという不可解な問題が残る。

　また庄内に比べて、払田柵は遙かに秋田に近いとはいえ、秋田から雄物川沿いに七十キロほど遡らねばならず、地理的に近隣とは言えない。

では地名の比定ではどうか。後藤宙外氏は丹念に払田柵周辺の地名を訪ね、清応院縁起に「山本郡高梨ノ郷、河野辺ノ里」とあるのを見つけ、また丸子川北方を北川ノ目というのを知った。そこで河野辺を河辺と捉え、北川ノ目は北河辺の音便だとして、それを河辺府払田柵説の根拠としている。フィールドワークを行なう者としては、この情熱と努力に頭が下がる思いがするが、しかしやはりこれは河辺ではないとも思う。この地名は高梨の郷に属する地名、謂わば小字のようなものであって、河辺と称して誰にでも理解できるような大きな地名ではない。

また別の論拠として、倭名類従抄を挙げる説もある。倭名抄に「国府は平鹿に在り」とあるが、払田柵のある山本郡は元は平鹿郡なので、平鹿の国府は払田柵を指していると主張する。

しかしこれも肯けない。山本郡が平鹿郡から分かれたのは八世紀後葉である。倭名抄の成立は九三〇年代で、その頃も、また（六）の奏言がされた八〇四年でさえも払田柵の所在地はすでに山本郡になっている。倭名称が百五十年も前の郡名を使って平鹿郡と表記するのは到底あり得ることではない。

倭名称の記述そのものもすぐに首肯できるものではなく、疑問を感じるが、敢えてそれを正しいものとすれば、十世紀前半に国府が平鹿郡にあったと解釈するしかなく、少なくともそれは山本郡の払田柵のことではあるまい。

他にも払田柵を河辺府と認められない理由がある。それは（五）の文言に「河辺」が表われることである。そこには「宝亀の初めに」とあるから、それを宝亀六年と考える私見からすれば、七七五年には河辺という地名があったということになる。「a秋田城停廃」の項の冒頭で述べたが、払田柵の造営は八〇二年（延暦二十一）頃とほぼ確定している。この柵が造られる前から河辺が存在していたことが明らかな以上、払田柵を河辺府とすることはできない。

では以上の説が取れないとなると、河辺はどこだろうか。

庄内説、払田柵説がともに無視し、唯一今泉隆雄氏だけが指摘している地域がある。秋田平野の南東に隣接する河辺郡である。今泉氏の国府庄内説はともかく、この河辺府を河辺郡家に比定する考えには賛同する。

この郡の初見は八四三年（承和十）だが、秋田まで駅制を整えた天平宝字三年には成立していたと思われ、当然宝亀、延暦の頃にも存在していたと考えられる。奏言や勅符が河辺とのみ記述して郡名を載せなかったのは、河辺が郡であったからだと考えれば納得できよう。

秋田平野の南端を流れる雄物川には東の山地から三本の支流が流入しており、北から旭川、太平川、岩見川という。旭川と太平川は、平野の南で一キロほどの間隔をおいて雄物川の旧河道に合し、太平川の合流点から六キロほど南東に下がった四ツ小屋駅付近で、岩見川が雄物川に合流するが、その辺りが河辺で、そこには、今でも河辺を冠した河辺豊成、河辺畑谷などの地名が多く残っている。

河辺郡の中心は岩見川の沖積平野と推測され、郡家の所在地の可能性が高いが、遺構は発見されていない。また秋田郡と河辺郡の境も明確ではなく、可能性としては太平川が考えられるかもしれない。

岩見川河口付近の広い沖積地は農耕に適し、遡上する鮭も捕れたであろうから、この河辺には縄文時代から古代までの遺跡が多い。延暦二十三年の奏言が、秋田は「五穀に宜しからず」として河辺への移転を願っているのは、この土壌の良さを言っているのではないかと思う。

また防衛的にも西を雄物川、北を旭川、太平川の両川に阻まれて守りやすい。後の元慶の乱で秋田平野を追われた官軍が拠った秋田の営も、太平川を挟んだ河辺側にあったと推測している。宝亀の乱で国司が「宝亀の初めに国司言す。秋田は保るに難く、河辺は治め易し」と言ったのは、この地形を指してのことだろう。

秋田郡に近接した河辺郡ならば、秋田平野の直近であり、生活に適し、平野の防衛を兼ねられる位置としては最適である。

では、(六)八〇四年(延暦二十三)の「河辺府」と(七)城輪柵の建造年との問題は、どう考えればよいだろうか。

井口国府を城輪柵とする説に異論がないことはすでに述べたが、その井口国府が記された奏言は、(七)の八八七年(仁和三)に出羽守坂上茂樹が発したもので、そこには「国府は出羽郡井口の地にあり」とある。よく取り上げられるのはこの部分である。

だがこれには前述したように続きがあって、「則ち是は去る延暦年中、陸奥守従五位上小野朝臣岑守、大将軍従三位坂上大宿祢田村麻呂と論じ奏するに拠りて建てる所也」と記されるが、これには誤謬が含まれるためか、あまり論者に取り上げられていない。小野岑守が陸奥と関わるのは陸奥守となった八一五年(弘仁六)のことで延暦年中ではなく、そのときすでに田村麻呂は死去しているからである。

だが、これを新野直吉氏が論証に加えた。氏は小野岑守に比重を置いて、出羽郡井口に国府が造られたのは、岑守が陸奥守であった八一五から九年の間だとし、八〇四年（延暦二十三）にはできていないから、この時国府が移転した河辺府は払田柵であると主張した。

河辺府を払田柵とすることはともかく、井口府は小野岑守によって弘仁年中に建造されたという点には、今泉隆雄氏も同調する。

今泉氏は、井口府の建造は弘仁年中であって延暦二十三年の秋田城停廃とは時期が異なるので、この二つは無関係であるとする。これは井口国府建造と秋田城停廃が関係すれば、秋田城が国府であった可能性が高まるからで、今泉氏が秋田城国府説を否定する論拠の一つである。

ここで（六）の奏言について今泉氏は次のようにいう。

延暦年中は田村麻呂が国府建置を提案した年で、建設は弘仁年中である。出羽守坂上茂樹は祖父田村麻呂の功績を顕彰しようとして、延暦年中の建置と記したのであると。

しかし、これは不自然である。（六）には「延暦年中に」「論じ奏するに拠りて建てる所也」とある。論じ奏しただけでなく、「建てる所」という文言が入っている。勅符を文字通りに読む今泉氏が、（六）に関してだけ、それを無視するのは矛盾してはいまいか。

坂上田村麻呂は著名なだけに、この当時彼の事績はよく知られていた筈である。しかもそれが出羽国府に係わることとなれば、出羽守が創建年を誤るとは思えず、いわんや顕彰のために作為するなどということがあり得るとは思えない。

では坂上田村麻呂と小野岑守との矛盾は、どう考えればよいのだろう。このどちらかが誤っているのは明らかだが、それは延暦年中と坂上田村麻呂なのか、それとも小野岑守なのか。

わたしは新野氏や今泉氏とは反対に、「延暦年中」と「田村麻呂の創建」が正しく、誤っているのは田村麻呂の相方を「小野岑守」としたことだと思っている。理由は、出羽守が自国の国府の創建年を誤り、または偽って奏言に載せることはあり得ないと考えるからだが、加えて田村麻呂と延暦年中に協議できる人物で、小野岑守と取り違えられそうな者が他にいるからでもある。

それは岑守の父の小野永見で、この人は田村麻呂が初めて征夷大将軍となった七九七年（延暦十六）に、副将軍として行動を共にしているから、田村麻呂と協議できる立場にあった。

息子の岑守は凌雲集の編纂などで知られ、仁和の頃には永見よりもよほど高名だったから、出羽守坂上茂樹は、永見を岑守を取り違えたのではないか。そう考えた方が、創建年を疑うよりは自然である。この主張に蓋然性を認めていただけるなら、井口府の造営は奏言のとおり、延暦年中になされたという結論になる。

そこで城輪柵が田村麻呂と永見の合議によって造られたと考えると、それは八〇四年の秋田城停廃以降の延暦年中ということになる。

田村麻呂は八〇二年（延暦二十一）に阿弖流為と母礼が降伏したあと、翌八〇三年に志波城の造成にかかり、更にその翌年に「城を停めて郡となす」決定に従い、永見と相談のうえ城輪柵の造営に取りかかったと考えられる。城輪柵の創建は、発掘調査によれば第Ⅰ期が九世紀第1四半期と推定されるので、延暦末年の八〇五年（延暦二十四）はその範囲に収まっている。

八〇四年に秋田城の国府機能は停廃されているから、城輪柵の造営が終わるまでの間、どこかに仮の国府を置かねばならなかった。それが置かれたのが河辺郡家で、そのため「河辺府」（河辺の国府）

という変則的な呼称で呼ばれたのではないか。河辺府が仮の国府ではなく、恒久的なものだったとすれば、河辺府を保るとは言わずに、河辺に国府を遷すと言った筈である。

秋田城から退いた国司や鎮兵・例兵は城輪柵ができるまでの間、河辺郡家に寄って、そこを仮の国府とした。そして城輪柵に国府が移ったあとも、再び秋田城に戻れる状態になるまで、国司の介か掾《じょう》を置き、鎮兵・例兵も配置していたであろう。そうでなければ秋田郡が、全く孤立してしまうからである。

だがこの「河辺府」についても、今泉氏は違う解釈を提示している。氏は「河辺府」は「河辺郡府」の省略で、「府」を付ける律令の官司名は軍事的性格を持っているという岸俊男氏の指摘を引いて、これは辺境の軍事的・防御的性格を持った「郡家」であるとする。

またそれを補完するために、続日本紀延暦二年六月条に雄勝・平鹿二郡の「郡府」再建の記事があることを挙げて、北端の地域にはそのような郡があると主張する。

ところが、この主張に反する愛知県岡崎市出土の「郡府」と記された墨書土器については、公的な記録ではなく日常語であるとして、同列には扱えないとしている。しかしこれは、出羽とは違う軍事的性格のない地域からの出土遺物であったための否定のように映り、納得し難い。

実は「郡府」の事例は極めて少なく、この三つしかない。今泉氏はそれをきちんと述べられた訳で、その姿勢には全く外連味がないが、しかし別の視点から見れば、この三種の事例だけが特殊だということでもある。郡衙は通常「郡家」と記され、三代実録の元慶の乱では「郡院」という記述も表われる。荒木敏夫氏は「郡府」を「国府」に準じて作られた用語であるとして、それに特別の意味づけをしていないが、その方が納得でき、そうであれば、「郡府」も「郡院」も「郡家」と同じ意味を持つ語句だということにしかならない。

また「河辺府」を「河辺郡府」の省略とすること自体が少し苦しい。秋田城が国府でないなら、単に河辺郡へ移りたいと奏言すればよく、河辺府という特異な表現をする必要はない。河辺に府が付く以上、これは国府移転の問題だと考えるべきだと思う。

また秋田城が国府ではなく、鎮守府的な城柵だとした場合、その城を廃止して、秋田を単なる郡としたのなら、鎮兵や例兵はどうしたのか。城でなくなれば軍事機能もなくなり、秋田郡の防衛は放棄されたことになってしまう。

しかし、秋田城が国府だったとするなら、これらの疑問は解ける。(六)の「秋田城停廃」の意味は、城柵としての秋田城を廃したのではなく、秋田城にあった「国府機能」を廃したと考えることができる。国府機能が河辺郡家に移されたのなら、そこに兵を置き、後方から秋田を支援できる体制を作れるからである。「秋田城停廃」とは、秋田城がただの城柵ではなく、国府であったことを示す文言であるとわたしには思える。

但し、この勅符から秋田の民衆を河辺郡に移したかどうかの判断はできない。勅符の文章は「土人浪人を論ぜず彼の城に住む者を以て編附せよ」で、これは秋田城に住む者から募って階層を問わずに郡に留めよ、と読める。土人浪人を論ぜずとは、強制的に全員を編附せよということではなく、募れということであろう。またその対象となっているのは、「秋田城に住む者」であって「秋田城下に住む者」ではない。これは国府は移しても秋田城の防衛機能を全く放棄するのではなく、城内に住む少数の者で秋田城の孤塁を守れと言ったもので、ここには秋田城周辺にいた良民の処遇には触れていないからである。

さてこの論議の最後に一つ触れておきたいことがある。「城を停めて郡となす」の「郡となす」の解釈についてである。通常、これによって秋田郡が成立したと言われており、今泉氏もそう解釈して、「郡制も施行できなかった秋田城に国府が置かれたとはとても考えられない」と指摘している。

前項では触れなかったが、今泉氏には秋田城国府説への根源的な疑問が二つある。この郡制未施行の秋田に国府が置けるのかという問題と、もう一つは出羽国の最北端である秋田に国府を置いたのでは、南の諸郡への律令支配が著しく困難になるという問題である。

これは極めて当然な指摘で、今泉氏はこの疑問から発して、国府庄内説を論証しようと考えたのではないかとすら思える。

ではまず後者の問題から考えてみたい。

確かに出羽の北端で政情が不安定な秋田に国府を置く必然性を見い出すのは難しい。しかしこの問題だけでなく、抑も出羽の統治には頸を傾げることが多い。支配地を北に漸進させていった陸奥国と比べると、出羽は庄内に出羽柵を造って以降、不合理なことを繰り返している。

七〇八年（和銅一）に出羽柵を設置してから、わずか四年後の七一二年（和銅五）に出羽は国となり、七三三年（天平五）には一挙に北進して秋田村に出羽柵を造った。この時、秋田はまだ蝦夷の「村」であった。

無謀ともいえるこのやり方が後々の騒動の源になったといってもよい。庄内・秋田・陸奥を結ぶ要衝であった雄勝に柵を造っても、すぐにまた蝦夷支配地に戻るなどの混乱を経て、雄勝城がようやく造営されたのは七五九年（天平宝字三）である。出羽の領土拡張のやり方は、陸奥とは著しく異なっている。

出羽には元来の良民がおらず、八百戸もの柵戸を入れて律令制を施行しなければならなかったが、良民の比率は当然山形県側に高く、秋田県側には低かったであろう。秋田県側では良民である百姓よりも、蝦夷を俘囚として懐柔し、俘囚の力で支配を維持しなければならないという状況にあったと思われる。

一足飛びに秋田に柵を造ってからは、その中間に位置する地域の動向が問題となった。七五九年の駅制の施行に伴って、駅周辺に良民が配置され郡が作られたとしても、良民の数は少なく、俘囚や蝦夷の協力がなければ維持できない状態だったであろう。元慶の乱で国府は雄勝・平鹿・山本の三郡を常に気にしているが、それはこの三郡が庄内と秋田の間にあるというだけではなく、九世紀後半になっても蝦夷や俘囚の比率が高い地域だったことを示すものだろう。

それもこれも、内政が整わぬ内に秋田に突出したことによる付けを払わされた形である。

つまり出羽国は良民の統治より、俘囚対策の方を重視せざるを得ない状況にあり、統治するにも俘囚や蝦夷の力を借りなければならなかったと推測することができる。とりわけ秋田県側にそのような状況は強く残ったであろう。（五）の宝亀十一年条で蝦夷の志良須や俘囚の宇奈古が秋田城の維持を要請しているが、それは蝦夷や俘囚が秋田城の防備に就いていること表わすだけでなく、秋田城司にものが言える立場だったことを示すものでもあり、統治への蝦夷俘囚の関与の高さが垣間見える。

従って国府を秋田城に移したのには、支配地拡大の意図よりも、常に不安定な状態だった出羽北部の統治を重視したという側面が強かったのではなかろうか。山形県側に比重が高い良民対策は庄内の旧出羽国府が担い、国府となった秋田城は秋田側の俘囚対策と蝦夷懐柔のための饗応などを主たる任務とした。そこが陸奥国とは違い、出羽国が選択せざるを得ない方策ではなかったかと思う。

しかし以上のように推測しても、これが適確であるとは、とても断言できない。それだけ出羽国の統治はいびつであり、国政の軸はぶれている。国府の所在地も変遷を繰り返し、秋田城の存続も再三問題になっているのが出羽という国の実情である。前項までに国府が秋田城に所在したことは論証したが、その本当の理由は今のところ不明であると言うしかないのかもしれない。

次に、前者の「郡となす」の意味を考えてみよう。

これを「初めて郡を作った」と解釈すれば、今泉氏が言われるように「郡制も施行できなかった秋田城に国府が置かれたとはとても考えられない」となるのは当然である。

しかしこれがどうも釈然としない。これまでの朝廷の北進策を見れば、秋田に柵を置くと同時に柵戸を入れた筈で、その時点で郡が成立していなければおかしい。まして秋田城が国府なら尚更で、郡がない城柵や国府はあり得ないだろう。また天平宝字年間には庄内と秋田を結ぶ駅制が施行されている。駅馬・伝馬は郡が成立し、良民が賦役を担う体制が整えられていなければ成立し得ない。とすれば、その時秋田に郡がなかったとは考えられない。

実は秋田には既に郡が成立していたのではないか。そう考えるのが常識的だと思うが、ではそれを立証するものはないのだろうか。

秋田平野の東北の山際、旭川が平野に流れ出る場所の右岸に泉という地区があり、そこから条里制の遺構が発見されている。だがこれがあるからといって、即座に班田には結び付かないという反論もあろう。条里制の遺構には、私的に墾田を拓いた貴族や社寺が開発した跡と考えられるものが多いからである。

しかしこの泉地区の遺構については、班田の可能性が高いのではなかろうか。泉地区の発掘報告は実見できなかったが、秋田県の遺跡一覧にはこの遺構は奈良・平安とある。奈良時代に遡るとすれば、その頃秋田に墾田を拓けるほどの財力を持った者はいなかったであろうから、班田の可能性が高いのではないか。そして、そうであればここには郷があり、ひいては郡が成立していたと想定できよう。

また秋田城出土の木簡のなかに、十世紀前半の倭名類従抄に載らない郷名が記されたものが発見されている。広面郷と記された木簡には年代がないが、同伴して出土した木簡は概ね延暦十年代のものだという。延暦十年は七九一年である。

この広面は現在の秋田市内に存在しているから、これは秋田平野内の郷と推測されると秋田市史は述べている。とすれば、秋田城周辺には郷があったことになり、当然郡が作られていた筈である。

そう考えると「城を停めて郡となす」とは、新たに郡を作れということではなく、単に秋田を郡の管轄にすると言っているのだと解釈すべきであろう。

以上、河辺府についての諸説と私見を述べた。この論議に、今泉氏を除いて河辺郡が俎上に上がらなかったのは、論者各位が城柵の有無に捕われすぎていたためではないか。城柵のある場所から河辺府を推測しようとした結果、秋田平野のすぐ隣にある河辺郡が無視された。しかし宝亀・延暦の頃に、河辺として理解された大きな地域は河辺郡しかなかった筈で、そうであれば検討の対象は、第一に河辺郡とされるべきだったと思っている。

二　蔓延する不作と天変地異

（一）徳政相論

陸奥で中山の柵が落とされ、秋田城から国府が移転したあと、東北の状況は沈静化していく。延暦年間の征夷戦で膨大な官軍に蹂躙された陸奥だけでなく、出羽にも大軍が押し寄せ、それらの軍事力によって蝦夷の戦闘力は衰えた。

出羽に向かった官軍の数は、延暦年間の記録には表われないが、元慶の乱の藤原保則の奏言に「去る延暦年中、当道に下されし陣図に、一万三千六百人を以て一軍と為し」とあるから、やはりかなりの兵力が出羽に向けられている。これはおそらく二回目の征夷戦での十万の軍勢の一部ではないかと思うが、ともかくこうして陸奥出羽ともに抵抗は下火になっていった。

そして同時に坂東諸国の百姓の疲弊も極限に達した。各国から百姓の窮乏を訴える報告が増え、朝廷もこれを無視する訳にはいかなくなった。そうしたなか展開されたのが八〇五年（延暦二十四）の徳政相論である。

藤原緒嗣《ふじわらのおつぐ》と菅野真道《すがののまみち》によるこの相論では、緒嗣が言った「方今天下の苦しむところは軍事と造作なり。この両事を停むれば百姓安んぜん」の言葉が有名で、このような毅然とした意見を口にしたのは緒嗣だけだが、この相論の前に公卿たちからも百姓への矜恤や、二十ケ国以上の庸を免じる訴えがされているから、征夷戦と都の造営に対する怨嗟の声は押さえ難くなっていたことが知れる。それは当然桓武天皇自身も気づいていたことだろう。

緒嗣は桓武の秘蔵っ子のような存在で、元服の冠親も桓武自らが務め、かつ重用している。独裁的な権力を振るった桓武だが、自らの政策を転換するのには躊躇があり、緒嗣に代弁させてその言を採る形にしたのかもしれない。

ともかくこの相論によって、征夷戦と平安京造営は中止され、その翌年桓武天皇は死去した。緒嗣はその後按察使《あぜち》として一年半陸奥に行き、百姓や官吏の負担を軽減する措置を執っている。緒嗣の政策に蝦夷に対するものは残っていないが、施政には温情的なものが多く、その間蝦夷の蜂起は起きていない。

こう書くと緒嗣の良いところだけが目立つようだが、実は緒嗣は按察使就任を回避しようと再三に渡って辞退を繰り返している。しかし認められず、やむなく職に就き渋々陸奥に下ったというのが実情で、彼は蝦夷の住む道の奥に行くのが余程不安だったようである。

彼は武官でもなく、桓武天皇に愛された京育ちの貴族だったから、京で人口に膾炙した蝦夷の怖ろしげな虚像が頭にあり、陸奥に行けと言われて震え上がったのではないか。これは緒嗣だけのことではなく、そのような先入観に西国の人々、取り分け貴族たちが捕われていたという一例でもある。

少し脇道に入るが、平安前期の宮廷人の蝦夷観を知るために、当時一流の知識人とされた二人の詩文を次にあげてみる。この二人は奥州に行ったことはなく、実情を知らない。

一人は菅原道真で、彼は交友のあった藤原滋実《しげさね》が亡くなったとき、「哭奥州藤使君」の詩を書いている。滋実は元慶の乱に出羽守藤原興世の子として関わる人物だが、この人が後に陸奥守となり、在任中に亡くなった時のことである。

道真は滋実が一本気で曲がったことが大嫌いだったので、その性情が陸奥国司に怨まれる原因となって死に至ったのではないかと歎き、「僚属、銅臭多く」と同僚の国司が金銭に執着すると描き、「鷹馬、相共に市《もと》む」蝦夷から鷹や馬を手に入れようと躍起になっている様を述べる。つまりそのように貪欲な「僚属」に厳しい目を向けたため、滋実は死ぬ羽目に陥ったと道真は考えている。

その詩のなかに蝦夷についての記述がある。「辺鄙最も獷俗《こうぞく》にして、為性《ひととなり》、皆狼子なり。価直《あたい》甚だしく蚩《あざむ》き眩《くら》ます」とまず道真は蝦夷を描写する。獷は犬。野犬のように馴染まず、性情はみな狼の如く、取引で価をふっかけては誤魔化すと言う。

また「分寸も平商に背けば、野心勃然と起こる。古より夷の民の変、交関に不軌を成すなり」と、少しでも平常の商いに反すれば、野心が頭をもたげる。昔から蝦夷の変は、この交易の不正から始まっていると言う。

正史にはよく「野心狼子」のように蝦夷を評する言葉が表われるが、道真にもこの言葉が念頭にあったのであろう。

また緒嗣の頃にあたる平安初期の知識人には、空海がいる。この人もまた性霊集に載る「贈野陸州歌、并序《ならびにじょ》」で、蝦夷を記述している。

これは小野岑守が陸奥守となって任地に赴く際に贈られた詩だが、「野」は小野の意で陸州は陸奥の意である。この岑守には前項で少し触れている。征夷副将軍小野永見の子で、この人は空海とも親しかった。

空海は序の冒頭に「戎狄、馴れ難く」と朝廷の常套句を使い、「豺狼の境に出でて鎮む」と、君は山犬や狼のいる境に行って鎮守するのだなあと慨嘆している。

また詩の本文では陸奥は治めることが難しく、天皇は怒って何度となく征討したが陸奥守となった者でこれに成功した者はいないと言い、「毛人羽人、境界を接し、猛虎豺狼、処々に鳩《あつ》まる。老いた鴉《からす》の目、猪鹿の裘。髻の中に骨の毒箭《どくや》を挿し、手上には毎《つね》に刀と矛とを執る。不田、不衣にして麋鹿を追う。晦《くら》きに靡《なび》き、明るきに靡きて山谷に遊ぶ。羅刹《らせつ》の流れにして人儔《じんちゅう》に非ず。時々往人の村里に来ては千万人と牛を殺し食う。馬を奔らせ、刀を弄ぶこと電撃の如し、弓を彎き、箭を飛ばす。誰か敢えて囚《とら》えん。苦き哉、辺人毎《つね》に毒を被る。」と続く。

空海は道真より更に過剰な文章で蝦夷を評し、蝦夷は羅刹の系統で人ではないとまで言っている。老いた鴉のような目をして獣の皮衣を着る、というのは宮廷人の絹の衣と比べて野蛮であると言いたいのであろう。なかに田も作らず衣も織らずというのは、実態と全くかけ離れているが、これが宮廷人の蝦夷観というもので、良民の郷に来て牛を殺して食うに至っては、全くの濡れ衣である。

しかし、ここで言いたいのは道真や空海の批判ではない。如何に教養のある文化人や僧侶であっても、彼らが暮らしている社会の通念からは逃れられないことを指摘したかっただけだ。彼らも人であり、人である以上、己の属する社会環境の影響を受けざるを得ない。それはまた緒嗣も同じである。

ここで本題に戻る。

徳政相論によって、漸くにして東北が静まったかに見えたが、ここで更に一度征夷戦が起こされる。相論から六年後のことである。

八一一年（弘仁二）、緒嗣に替わって陸奥出羽按察使となった文室綿麻呂《ふんやのわたまろ》は、志波に三郡を建てたあと、二万六千の兵で爾薩体《にさつた》と幣伊《へい》の村を攻め、多くの蝦夷を捕獲した。これは彼が発案して実行したもので、朝廷は追認はするものの本来の方針にはないものだった。これは綿麻呂が己の功名のためにのみ企図した戦さだったと言い切ってもいい。

綿麻呂は翌八一二年（弘仁三）に、洪水の害が激しかった志波城を放棄して、その南十キロに徳丹城を造り、そこで蝦夷平定を誇示した。しかしこの城は九世紀中頃までしか保たず、わずか三十年ほどで廃城になっている。

宝亀の乱以降、弘仁三年までの蝦夷との戦いを三十八年戦争と言っているが、この綿麻呂の起こした戦さには全く必然性がない。朝廷側の価値観から見てさえ、綿麻呂の征夷戦は延暦のそれとは別物である。

この侵略は蝦夷の怨みを買い、翌年早くも叛乱が起きた。結局彼の行為は朝廷に何の益ももたらさなかった。そのためもあってか八一五年（弘仁六）に綿麻呂は解任され、小野岑守が陸奥守に就いている。

岑守が永見の子であることは、すでに述べた。学識があり穏和な政治を行なったことで知られる彼は、綿麻呂の武断政治を改め、緒嗣のような穏便な政治に戻したのであろう。綿麻呂に抗して戦った蝦夷、吉弥候部《きみこべ》氏の一人が帰順し、朝廷に称されている。そして再び蝦夷は沈静化した。

だが東北が落ち着きを取り戻した期間は、あまり長いものではない。それから二十年もすると不作が蔓延し始める。これは東北に限らない全国的な現象で、それが貞観の天変地異にまで連綿と続いていくことになる。

八三〇年（天長七）、出羽で大地震が起き、城郭や官舎、城の正門横にあった四天王寺などが倒壊し、雄物川の水が涸れた。秋田城司はこの大地震を「歴代以来未だ曾て聞くことあらず」と報告している。

報告者が秋田城司になっていることから、秋田城に再び国司が戻ったことが分かる。国司の次官である介が着任し、陸奥の胆沢城のように鎮守府的な位置に置かれたようで、この地震を報じた藤原行則という介には「鎮秋田城司行介」と「鎮」の字が冠されている。

この大地震は、不穏の萌しでもあった。それから四年後、元号が承和に変わると、不吉な報告が連続してもたらされ始める。

八三四年（承和一）「石見国去年不実《みのらず》」「越前、出雲飢えにより振給」の記事を皮切りに、翌年には下総、越前、近江、伊勢、加賀、長門、佐渡、筑前、淡路で飢民が増え、諸国に疫病が流行していく。更にその翌承和三年になると八ヶ国で飢饉、京師で疫病が起きる。

案の定、八三七年（承和四）になって、前年から不穏になっていた陸奥が四月に騒擾状態い陥った。栗原、桃生以北の俘囚に「弦を控《ひ》く者はなはだ多く」という状態になり、多賀城と胆沢城は分断され、「百姓妖言して騒擾止まず」、栗原、賀美両郡で多くの百姓が逃げた。

この年、陸奥の課丁三千人余に復（免税）五年、八三九年（承和六）には陸奥国の百姓三万余に復三年の措置をしたが、蝦夷には何の手当もしなかった。

そのため、この年四月にまた蝦夷が蜂起して胆沢城と多賀城の間を断った。陸奥国府は援兵千人を発するが、蜂起した蝦夷は数千を数えて全く対抗できず、自ら「兵を予め備えず」と準備不足を認める始末で、結局国司たちは城に閉じ籠るしかなくなった。

この頃は災害が頻発し地震もあったというから、疲弊していたのは蝦夷も百姓も同じ筈だが、国府は蝦夷への対応を怠たり、騒乱は翌年になっても収まらず、騒擾状態が続いた。

この時の陸奥守は桓武天皇の孫で、父の代に良岑《よしみね》の姓を与えられて臣籍に降った良岑木連である。出自を誇るところがあり、政治は旧例によらず同僚の批判も意に介さなかったという。死去した際に、効果のあることは何もしなかったと手厳しく批判されているから、統治に問題があったのだろうが、不思議なことに、木連の後を受けて陸奥守となったのも良岑で、木連の弟の高行である。

この良岑という氏は、後の元慶の乱にも現われる。蜂起に至る最大の原因が秋田城司の暴政で、それを行なった出羽介の氏も良岑である。この人は五位になれなかったからか正史には記載がなく、三善清行の「藤原保則伝」にだけ近《ちかし》と名が載っている。保則伝には誤謬が多いので、近という一字名も少々怪しく、実際は二字名であったかもしれない。

良岑姓で東北に関わるのは、木連・高行の兄弟の他に、後年の貞観年間になって陸奥守になった経世がいる。近はこのいずれかの子であると思うが、年代から考えれば、木連か高行の可能性が高そうである。

この承和の陸奥騒擾の際、出羽でも何事かが起きていたらしい。八四〇年（承和七）の一年間に出羽守が二度も入れ替わるという異常な状態になっているが、その原因を示す記述は残されていない。

三月に守に就いた和気真菅は「良吏の選なり」と推奨されていた。しかし六月には小野篁の弟の千株に替わり、更に八月に文室有真に替わっている。有真が守になって、漸く出羽は落ち着いたようだが、この前年に出羽は大飢饉になり二万余の百姓に復がされているから、かなり不穏な状況であったのだろう。

この後も延々と飢饉は続いていく。そのなかで陸奥出羽の記述だけを拾ってみよう。

八四六年（承和十三）に出羽国で飢饉が起き、振給が行なわれた。

八五〇年（嘉祥三）六月には、出羽国が「境に夷落ちて接す」と奏言している。落ちてとあるから津軽蝦夷が食を求めて南下したのかもしれない。

同年十月に、出羽で大地震が起きた。それに関連して十一月に「出羽州壊」死者多数、自存能わずとして、倉庫を開いて民夷を問わず（良民も蝦夷も）救済せよという勅符が出される。

八五五年（斉衡二）には陸奥奥地で蝦夷同士の騒乱が起きた。太政官は原因は飢困にあるから民俘を論ぜず救済せよと勅している。

また同じ年に出羽でも飢饉があったらしく、出羽国百姓困窮者一万九千余に復の措置がされた。

八五九年（天安三）には、陸奥国洪水、出羽国霜雹の害と報告されている。

陸奥出羽ではないが、こうした飢餓の報告のなかに、一つ気になる記事がある。八四七年（承和十四）に日向国が「俘囚料一万七千六百束を減ず」とした奏言で、理由として「俘囚死に尽くすを以て、存する者の員《かず》少なき也」をあげている。

朝廷は遙か昔から蝦夷を他国に流したが、それは王化を施すためだとした。王化とは朝廷の風に染めて野蛮な蝦夷を感化することを意味し、具体的には稲作と養蚕を教えることを指す。

だが他国に移された蝦夷は居住や良民との交わりを制限された。まして蝦夷が良民である百姓と婚姻するなどは許されなかっただろう。結果として蝦夷の数は減り、日向国ではほぼ絶滅したのであろう。

蝦夷は養蚕は知らなかったかもしれないが、稲作はとうの昔から行なっていた。また絹はなくとも麻はあり、衣類に困ることはなかった。

蝦夷移配は延暦の征夷戦以降極端に増えているが、王化に染むのは建前で、実際には叛乱した蝦夷は無論のこと、穏便に暮らしていた蝦夷も朝廷の恐怖心から他国に送られたと考えられる。田畑を奪った蝦夷の報復を恐れたり、相対的に多かった蝦夷の数を減らして柵戸の安全を保つためである。王化を施すとは侵略した朝廷の側の一方的な主張で、故郷を追われて囚人のように囲われた蝦夷にとっては、災難以外の何ものでもなかった。


さてこのように事態は推移し、全国的に蔓延する不作や疫病は悲惨な状況のまま、元号は貞観に変わって、更に自然災害が頻発する時期を迎える。貞観から元慶年間は将に天変地異の連続である。貞観元年は八五九年、八七八年の元慶の乱まで残すところ十九年となった。

(二) 崩壊する律令制

貞観年間の記述に入る前に、元慶の乱前後の律令制の実態について触れておきたい。当時の状況を把握しておくためである。

律令制の建前である公地公民制は、三世一身法、墾田永代私財法などによって奈良時代早々に骨抜きにされ、元慶の乱の頃には既に形骸化していた。長い間班田が実施されない地域が増え、それに伴って貴族や富裕層の私田が拡大した。律令制が機能不全に陥っているのは明らかで、矛盾が各所で噴出している。以下、正史からこの頃の記述を拾ってみる。

まず乱の五年前に当たる八七三年(貞観十五)の大宰府からの奏言。

筑前国は十九年間も班田が実施されず、その間に死んだ者の口分田が富豪のものとなり、貧民は賦役に苦しんでいる。そこで良田九百五十町を選んで、浮浪人にも耕作させたい。また兵役が増え兵士の食料も確保できないので、百町を警護田として女子にも耕作させたい、という。

放置された良田の多さに驚くが、それにも増して耕作者の不足に驚く。それは兵役だけの問題ではない。田を貰えない民は私有田を持つ富豪の元で奴婢や小作として働くしか道がなくなり、良民が減ったためでもある。

また元慶の乱が起こった八七八年（元慶二）三月、班田の実施が五十年間も放置されていた五畿内諸国の国司に、朝廷が調査を命じたが全く効果が上がらず、翌年十二月に公卿を畿内諸国に派遣して実施を監督させようとした。しかし任命された公卿は誰一人として任地に赴かなかったという。京の公卿に、自ら汗を流そうという者は少なかったのである。

当時、諸国が班田を実施するためには、それを太政官に上奏して裁可を得なければならなかったが、上奏してから数年間も放置され、許可されて案を作るのにまた年数がかかった。そのため美濃国は六年に一度の期年がきたら国司が田数を調べるのを先にし、案ができてから上奏したいと申し出た。

豊後国も美濃国に習いたいといい、三十年に渡って班田が実施できずにいた筑後国も、民には口分田がなく「免課の門」にのみ田があると指摘して同様の措置を請うている。免課の門とは租稲を免除された権門のこと。その田は不輸租田《ふゆそでん》といわれ、神社仏閣にしか適用されなかったものが寄進の形を取るなどして事実上権門が掌握し、私田を拡大しつつあった。

八八一年（元慶五）に肥前国が同じ請いをしたときの奏言がふるっている。「秩満解任の人、王臣の子孫の輩、党を結びて群居し、同悪相済《あひすく》ひ、ついに以て百姓を陵轢し、田粮を奪ひ官稲を受けずして私物を出挙《すいこ》し、収納の時は好んで公事を妨ぐ。欠員の源これより出づ」として、「土民」と同じように彼らにも公営田を耕すことを義務付け、随わない「有勢の人」は部内より追放したいとした。

出挙とは稲貸しをして利稲を得ること。正税を以て強要され、税となっていた公出挙《くすいこ》と、私的に行なわれる私出挙があり、ここで言っているのは私出挙のことである。

また秩満解任の人とは任期が終わっても京に帰らない前任の国司で、在任中に私田を増やして意図的に土着する道を選んだ者たちである。京に戻るなら私田を手放さなければならず、どうせ又別の国の国司に任命されるのが落ちなら、この地で生計を立てようと考えたのだろう。

このように利権を貪る貴族や高官が増えると、それに比例して貧民の数も増えた。日本の人口は、有史以降ずっと増加を続けるが、平安時代だけは停滞したという。それだけ民衆が生きづらい社会だったのである。

だが百姓の側は、ただ忍従するだけだった訳ではない。稀にはそれに抵抗する動きも見え、己の村落を守るために実力行使をした例もある。正史に載るものは少ないが、小規模な暴動や抵抗の事例は多発していたのであろう。

八五七年（天安一）、対馬国の上県《かみあがた》と下県の大領が三百人の百姓を率いて国守の館を襲い、対馬守立野正岑を殺した。大領とは郡司の長で、島育ちの百姓である。対馬は上と下の両県で成り立っているから、これは対馬全島の一斉蜂起と言っていい。

おそらくこの守は律令の規定を越えた搾取を行ない、課役を課して百姓は耐えられなくなったのだろう。二人の大領は処罰を覚悟して先頭に立ったようである。事実、翌年になって彼らを罰するため官吏が派遣されるが、そこでの抵抗の記録はない。江戸時代の名主や庄屋が、百姓一揆の咎を一身に背負ったのと同じようなことを、この大領たちは行なっている。

また八六六年（貞観八）に起こった事例は、ある意味で対馬よりも過激である。

美濃国に向かって流れていた広野川の河口付近が土砂の堆積によって塞がれ、尾張国に出水被害が出たため、尾張国は前年十二月に太政官の許可を得て、河口の開削工事を始めた。だがこの川は、長年に渡って尾張と美濃の利害が衝突するところで、出水の被害が多い暴れ川だったらしい。尾張と美濃が関わることから、「河口」は海への出口ではなく、本流への合流点だったのだろう。

この工事が完成すれば、今度は美濃側に出水が起きる。当然百姓たちは、美濃の国司に泣訴した筈である。だが工事は止まらず貞観八年七月に至ったため、彼らは国司に頼らずに実力で工事を止めることにした。

貞観八年七月、美濃の各務《かがみ》郡や厚見《あつみ》郡の大領たちは、百姓と共に工事を行なっていた尾張の郡司を殺し、工事を妨害したという。

驚くべきは、このとき郡司たちが率いた部隊が「兵衆歩騎七百余人」と書かれていることだ。郡司が百姓衆だけでなく歩兵や騎兵を率いている。将に小土豪で、まるで武士の前身であるようにも見える。

このように民衆が叛旗を翻した背景には、余程に切羽詰まった実情があったのだろう。承和年間以降、特に貞観年間には全国的に飢饉が蔓延し、食うに食えない貧民が増えている。

当然ながら租庸調も難渋し、下層民の実情を理解しない太政官や国守のなかには、税の不足を言い立てる者も現われた。

八六四年（貞観六）、太政官が全国の国守に対して、庸調の絹や布が粗悪だと叱責した。

「絹の如くして絹に非ず。……布の如くして布に非ず。……加えて尺寸を多く欠く」

粗悪品が税として認められたということは、収納にあたった官吏が目をつぶったことを意味する。この年は富士が大噴火を起こして全国的に不作が蔓延している。民が困窮したのは間違いなく、収納官の仕儀は怠慢の故というより目こぼしせざるを得ない実情から出たものだったのではないか。

また八七三年（貞観十五）、陸奥守安倍貞行が、収納がいい加減で任用の官は人を得ているとは言い難いと憤慨して奏上している。


「（任用の官は）郡司税長に誘われて藁を納めて稲とし、富饒の酋長の賄賂によって虚を以て実となす」


この奏言があったのは、鳥海山が噴火した二年後である。不作が続いて陸奥国の民が困窮し、振給《じんごう》という困窮民への施米がなされた年だ。果たして任用の官は、賄賂によって納税を誤魔化したのだろうか。そのようなことが皆無だったとは言わないが、どうもそうは思えない。

この国守はそのような窮乏の年でも、規定通りの租を取り出挙を行なえと命じたのではないか。下級官人は命に逆らえず、かといって通年どおりの課税をすれば百姓が飢えるという事態に直面したのであろう。長年に渡って収納を担当した官人が藁を稲と間違える筈もなく、彼らは敢えて目をつぶり、百姓たちを救おうとしたのではなかったか。

地震や噴火が連綿と続き、全国的に飢饉が頻発した貞観年間に百姓が飢餓に惑い、疫病に苦しめられたのは当然だ。殿上人や国守は下層民の困窮に無関心な者が多かったが、末端の官人はもとより、掾《じよう》や目《さかん》などの下級国司のなかには二代三代と世襲する者が増えていた。彼らは当国育ちで他国を知らない。当然顔見知りの百姓も多く、その窮乏を見過ごせない者が出たとしても不思議ではない。先に述べた班田実施改善の献策には、当国育ちの国司官人の怒りの感情が籠っていたようにも思われる。

だがこのような民の方を向いた国司官人の行ないは、時代の流れからいうとほとんど焼け石に水のようなものだった。遠からず公地公民制は名ばかりのものとなり、国守は受領《ずりよう》に公田は名田《みようでん》となって税の確保だけが問題とされるようになる。民はますます困窮し、小作や奴婢あるいは浮浪人となり、荘園に囲い込まれるしか生きる術がなくなる。藤原道長が我が世の春を謳歌したときには、すでに貴族政治の土台は自らが進めた私地私民の普及によって崩れ、新たに開墾された私田は寄進の形を取って荘園となり、武装した自営農民である武士を生み出すことになる。貴族の我欲追求は、貴族政治そのものを崩壊させる元となった。まことに歴史は皮肉に満ちている。

(三) 貞観の天災と出羽

元慶に先立つ貞観年間は天変地異が多発し、日照不足や風水の害で不作が蔓延したから、縁起担ぎに熱心だった貴族たちからさぞかし改元の声があがったことであろう。だが清和天皇は即位後の改元で貞観としてからは、退位まで同じ元号で通した。それは天皇の意志だったような気がする。

わずか九歳で即位し、元服の頃には天災の真っただ中にいた天皇は、災禍の責任は総て自分の神祀りの至らなさにあると考えた。貞観以前にも天災について詫びた天皇は何人かいたが、それらの常套句のような文章に比べると、清和天皇の詔には心から悔いていると感じさせるものがある。この天皇は災禍の原因が自分にあるとすれば、年号を変えるなどは無駄なことだと思っていたのかもしれない。

日本全土を揺るがした史上稀に見る天災の嵐、貞観の天変地異は八六三年（貞観五）六月の越中越後地震から始まった。この年の一月、陰陽寮が侍従所の庭に鬼の足跡を認めたと記されているのが如何にも暗示的である。

山を崩し民家を倒して圧死者多数を出した越中越後地震の翌八六四年五月、今度は富士山が噴火した。宝永噴火と比肩される大噴火で、溶岩流が当時あった剗《せ》の海に流れ込み、本栖湖の一部を埋めて河口湖付近にまで達した。西湖、精進湖は剗の海が分断された跡、青木ヶ原は溶岩流が通過した跡である。

この噴火は長引いたらしく、一年半後の八六五年（貞観七）十一月に甲斐国が託宣によって浅間明神の祠を建てた際には「異火の変いまだ止まず」と記されている。この間噴煙は止まず、降灰も続いたのだろう。この影響は大きく、総てが噴火のせいでなくともこの後飢饉が蔓延していく。二年の間に加賀、出雲、伊賀、紀伊、京師、伊勢、因幡、武蔵、志摩の各国から続々と「飢饉」「飢疫」の報告が太政官にもたらされた。

富士山噴火と同年の十二月に阿蘇山で小噴火乃至は火山性地震。八六七年（貞観九）二月には豊後国の鶴見山が噴火。それに連動するように八月に阿蘇山で再び地震が起きるが、山嶺が夜に怪しく光り輝き、震動して広さ五十丈長さ二百五十丈ほども崩れたとあるから、これは噴火であったかもしれない。

更に災禍は続き、翌八六八年（貞観十）七月に、播磨国で大地震が起きた。官舎堂塔悉く崩れ、京の家屋も倒壊した。その後年末までに計十三回の余震があったという。

そしてその十ヶ月後の八六九年（貞観十一）五月に、陸奥大地震が起こる。二〇一一年の東日本大震災でよく引き合いに出されたこの地震は、実に大規模なものだったが、その二ヶ月後に起きた肥後の地震も同様に凄まじく、有史以来特筆すべき巨大地震が短期間に連続している。日本列島の基盤に大きな陥没ができ、それが列島全体に災禍を及ぼしたのではないかと思われるほどの事態である。

陸奥地震の最大の被害は津波によって生じた。「地裂け海口咆吼し、声雷に似る。驚くべき波、潮涌き遡洄して膨張す」

家も苗も総て流され、民は全く寄る辺を失った。この被害は余程大きかったとみえ、清和天皇はかつてない詔勅を出している。

「陸奥国境に地震尤も甚だしく、……百姓何の辜《つみ》ありてか、この禍毒にあう。憮然として媿《は》じ懼《おそ》る。責め深く予に在り。……民夷を論ぜず……務めて矜恤《きんじゅつ》の旨を尽くし、朕が親しく観る如くせよ」

「責め深く予に在り」、現代の感覚では理解しがたいことだが、天変地異と神祀りには深い関係があると信じられていた時代である。先の富士山噴火のときにも浅間明神の祢宜《ねぎ》や祝《はふり》が「斎敬勤めざるの致ししところ」として叱責されている。天皇は謂わばそれら神官の総帥であった。この特異な詔勅は、そのまま彼の心情を表わし、連続する災害を止められないことに悩んで天皇は自らを責め、ついには譲位して得度し、食を断つに到る。

そしてこの陸奥地震の衝撃が収まらぬなか、肥後でも大地震が起きた。「田園数百里陥ちて海となる。潮水漲溢して六郡漂没す」

当初これは大風雨と奏言されたが、翌年には「肥後国に地震風水の災いありて」と記されているから、明らかに地震と津波の害である。この頃の一里は五百メートル余。とすれば膨大な地域が陥没したことになる。十世紀前半の倭名抄には肥後は十四郡とあり、貞観年間の郡数はこれより少ないことはあっても、多いことはあるまいから、被害は四割を超える郡に及び、宇土や八代、天草などの沿岸部諸郡は軒並み災禍にあったと考えられる。

そしてその二年後の八七一年（貞観十三）になって、天災のうねりはついに出羽に及んだ。鳥海山が噴火したのである。

噴火は釈迦生誕の日とされる四月八日に起きた。溶岩流は川に入って死魚を浮かべ、周辺の田畑は押し流された。異臭が満ちて耐えられないなか、二匹の大蛇が多くの小蛇を伴って流れたと国府の奏言にはある。だがこれは国府の聞き誤りであろう。蛇の正体は溶岩流だと推測されている。

いまでも鳥海山北側山腹には、くっきりと二本の長い溶岩の行跡が残り、周りに幾筋もの小さな流れを伴っていて、その地名は千蛇谷という。夜間、麓から見上げた溶岩流は、まさに二匹の大蛇にまといつく多数の小蛇のように見えたであろう。国府は大蛇や小蛇の流れるが如しとあった報告を、蛇が流れ下ったと早合点したのではないか。そう考えた方が自然である。

この噴火がどれほど続いたのかは分からない。また影響の及んだ範囲も不明だ。だが溶岩噴火は一回でも、噴煙が続き降灰が長引いた可能性は高い。陸奥はこの翌年に不作となり、年明けの八七三年（貞観十五）三月に振給されているし、元慶の乱での藤原保則の奏言には「遺《のこ》りし民は、数年の弊を承けて自存の方なし」とか、雄勝・平鹿・山本三郡への復と振給を請うたときには「頃年頻りに不登に遭い」とあって、不作が長引いていたことが知れる。また「元慶元年は穀稼多く損じて庸調備わらず」という奏言もあるから、乱直前の元慶元年まで不作は続き、元年は特にひどかったと読み取ることができる。八七一年の噴火から八七七年の元慶元年までは六年、保則の言う「数年の弊」に丁度見合う年数である。

これが降灰による不作ならば、それは鳥海山に近い飽海《あくみ》郡や出羽郡最上郡だけでなく、東の雄勝郡、北東の平鹿《ひらか》郡や山本郡にまで及んだことが先の奏言から推測できる。また陸奥までも不作になっていることからすると、降灰は北の秋田郡や米代川まで達したかもしれない。

火山灰は水に遭うと泥濘となって作物に絡み、粘土化して土地を固める。不定期に降灰が起これば、耕作は難儀する。それに冷害などが加われば、被害は一層拡大したに違いない。いずれにせよ不作が長期化したのは間違いなく、それが元慶の乱の一因を為したことは確かである。

だがそれにしては、この間の出羽国府の対応があまりにも不自然だ。陸奥では噴火の二年後の八七三年（貞観十五）に振給をし、その翌八七四年にも二郡の百姓に復（免税）の措置があったが、被害を直に受けた出羽には何ら救済の記録がない。

噴火から元慶の乱に至るまでの間の奏言は、渡嶋蝦夷来寇の記述を除けば、神への叙位や節操の高い未亡人への恩賞の記事があるにすぎない。正史が総てを網羅している訳ではないが、噴火に伴う救済を省略するとは思えず、如何にも不審である。

ただ正史にはないが、歴年の格を集めた類従三代格には、一つだけこの間の記述がある。それは出羽守が多治比高棟《たぢひたかむね》のときのもので、「帰来の狄徒」が数千にもなり狭布《せばぬの》の過給数が一万三千六百端に及ぶので、先例どおり支給数を一万三千六十端に定めたいと申し出たところ、八七五年（貞観十七）に上限は一万端、超過する分は正税で買い、それでも不足するなら国司が負担せよと右大臣藤原基経が命じた記事である。

布の給付は狄禄《てきろく》という津軽や渡嶋《わたりしま》（北海道）蝦夷への懐柔策の一端で、国府は他にも定期的な饗応を行なった。これらの蝦夷対策費の故に、陸奥出羽両国は租稲を京に運ばず、国内で消費することを許されている。

この命があった八七五年（貞観十七）十一月、突如渡嶋蝦夷の水軍八十艘が秋田郡と飽海郡を襲い、百姓二十一人を殺略した。襲われたのは秋田城と国府の膝元で、明らかな示威行動だが、これは先の命によって北の蝦夷への布給付が制限されたことと無関係ではあるまい。

支給が先例どおりならば、蝦夷の要求からは少し下がっても、真冬の日本海を渡って襲撃するような過激な行動に出るとは思えない。これは余程腹に据えかねたからに違いなく、そうであれば支給数は従来よりずっと低かったのではないか。多治比高棟は自腹を切るのが嫌さに、朝廷の命を楯に布の支給を一万端にまで下げたとも考えられる。

疲弊した民を救済せず、布を惜しんで渡嶋蝦夷の襲来をも招いた出羽国府。そして同じ時期に行なわれたであろう秋田城司の暴政。「藤原保則伝」では、それは良岑近《よしみねのちかし》一人によるものとなっているが、事実そうであったかは大いに疑問だ。元慶の乱の際、蝦夷が出羽国府の圧政について書面で訴えているが、その条項は十ヶ条を超える。その内容は残されていないとはいえ、十ヶ条以上も列記される国司の悪行というのは尋常ではない。いくら秋田城が国府から遠いとはいっても、そのように露骨な可憐徴求が、介だけの判断でできるとは思えない。

元慶の乱の前には大規模な逃散が起きている。それは圧政と不作によるものであり、それがついには蜂起にまで到る。そのような状況であれば、当然小規模な逃散が連続し、小競り合いが各所で起こっていなければおかしいが、出羽国府は元慶の乱が起こるまで、ついに何の報告もしなかった。

これは百姓蝦夷への収奪が、国守が介に命じたか、もしくは守と介が共謀して行なったかのいずれかであり、彼らはそれを太政官に知られたくなかったのだとしか思えない。後に述べるようにこの上級国司たちは鎮兵や例兵さえも廃して自分たちの利得を増やそうとしていたから、それは大いにあり得ることである。

陸奥国が振給を行なった八七三年（貞観十五）には、陸奥から発したもう一つの奏言が載っている。この年十二月七日の条。

「之より先、陸奥国言す。俘夷境に満つ。動《やや》もすれば叛戻を事とす。吏民恐懼して虎狼を見るが如し」

この「境」は岩手北部の服属していない蝦夷との境か、もしくは陸奥出羽境ということになるが、これが鳥海山噴火の二年後の奏言で、陸奥が不作になった翌年ということを考えると、疲弊が最も甚だしかった出羽の民の逃散と捉えた方が自然であろう。秋田城下での圧政を加味すれば、秋田郡の民である可能性がより高いと思われる。

ここに載る「俘夷」の表現も、それを俘囚と蝦夷と文字どおりに取れば、その両者が混在しているのは秋田平野以北しかなく、雄勝郡や平鹿郡にいる蝦夷はほとんどが俘囚である。とは言っても「俘夷」は無自覚に使われることも多いから一概には断定できないが。

問題は、これが本当に俘囚や蝦夷の逃散であったかどうかである。秋田郡の場合、降灰や冷害で不作になれば、被害は百姓の方が深刻だ。平野以北の蝦夷には八郎潟や米代川から食料を得る手段があったが、百姓にそれはできない。そこに圧政が加われば真っ先に逃散に追い込まれるのは百姓の方であろう。

陸奥国府は陸奥に近づいた難民の群を総て蝦夷俘囚と考えたが、実は百姓の方が多かったのではないか。藤原保則の奏言によれば奥地に奔った百姓はかなりの数で、それが一度に逃げたとは思えないから、逃散はこの頃、もしくは更に前から長期に渡って続いていたのであろう。

では乱に到るまでに逃散した百姓の総計はどれくらいか。藤原保則は「国内の黎民苛政に苦しみ、三分の一は奥地に逃げ入り、遺りし民は数年の弊を承けて自存の方なし」と言っているから、これに基づいて逃散民の数を推計してみよう。

蝦夷と百姓を合わせた陸奥出羽の人口を推計された澤田吾一氏は、九世紀初頭の出羽国を五万八千人、陸奥国を十八万六千人として、両国で二十四万四千人と試算した。これは土師器時代の東北地方一円の人口を二十八万八千六百人と試算した小山修三氏の推計にかなり近い。小山氏の推計には、米代川や津軽など出羽国に入らない地域が含まれるから、それを考慮すれば出羽陸奥の人口は沢田氏の推計に更に近づくだろう。

そこで沢田氏による五万八千人を出羽国の人口だと考えてみる。

一方、把握できる柵戸の数はというと、元慶の乱までに、八百戸と二千五百五十一人が移住させられている。この一戸を二十人とすれば、柵戸の総数は一万八千五百五十一人ということになるが、これはあくまで正史に載る数なので、実数はもっと多かっただろう。

また正史の復の記述を見ると、承和八年（八四一）「出羽国百姓二万六百六十八人に復一年」、斉衡二年（八五五）には「出羽国困窮者万九千余口に復」とある。後者は困窮者だけだが、この頃出羽陸奥はともに飢饉で陸奥では騒擾沙汰も起きているから、かなりの数の百姓が復を受けていても不思議はない。従って更にひどい飢饉であった承和の復の数は、百姓全般ではなくとも、それに近い数だったのではないかと考えられる。

この人数は先の柵戸の集計を上回るが、数としてはかなり近い。そこで九世紀中頃の出羽の百姓数の下限を、承和の復に近い二万一千人、上限を二万五千人と考えてみる。それを先の出羽国の人口五万八千人に算入すれば、出羽にはおよそ三万三千人から三万七千人の蝦夷俘囚と二万一千人から二万五千人の百姓がいたということになる。すると逃散した百姓は二万一千人乃至二万五千人の三分の一で、およそ七千人から八千人強。これは律令の定める一郷五十戸を一戸二十人として七郷か八郷に及ぼうかという、当時とすれば膨大な数である。

保則は「国内の黎民」と言っていて、秋田郡に限定した訳ではない。しかし一方「奥地に逃げ入り」と言ってもいる。「奥地」とは律令の及ばない地、つまり国府管轄外の蝦夷支配地の総称で、元慶の乱のとき「奥地」であったのは青森県を除けば、秋田の八郎潟沿岸部から米代川流域にかけての地域と岩手北部しかない。岩手北部に抜けるには山越えをしなければならないから、逃げるなら秋田北部の方が容易く、そこには八郎潟や米代川があって水産物の入手が見込める。とすれば、それができたのは秋田郡の民に他ならない。

またここで保則が問題としているのは秋田郡の状況だということを考えねばならない。これは秋田で起こった元慶の乱での百姓の悲惨さを述べた箇所だからである。

以上を総合すれば、この逃散民の多くは秋田の百姓だという推測ができる。それは稀に見る大規模な逃散であったに違いなく、これこそが元慶の乱の直接の要因である。

三　元慶の乱

（一）乱勃発

a　秋田城炎上

元慶二年三月、秋田城司の圧政に苦しみ飢餓に陥った民は、ついに蜂起した。蜂起した民が記した記録はないが、朝廷側には正史である日本三代実録にかなり詳細な記録が残されている。

また三善清行が著わした「藤原保則伝」には正史にはない記述が見られる。これによって推測できる事象も無論あるが、抑もが出羽権守となって出羽の指揮を執る藤原保則を讃えて著わされたものなので、誤謬や誇張も多く、この扱いは慎重にしなければならない。

いずれにせよ主たる資料はこの二つになるので、これらに依って乱の様相を見ていくことになるが、いずれも朝廷側に属する資料であり、見方が偏るのはやむを得ない。

さて奏言や勅符を書くにあたって、左記に載せる主要人物については、人名に付けられた修辞を省略している箇所があることをお断りしておく。名だけ、または官職ひとつに氏名というような略された表記の場合はそのまま載せたが、正式に官職・位階・氏・姓・名のように記されるとかなり煩雑で読みにくくなる。そこでこれらが連なる場合は、氏名だけの表記にしている。

そのためこれらの人物の三代実録に載る記述を前もって載せておく。ここで「行」とあるのは、位階に相当する官職に満たない下位の職に就いたときに付けられる表示で、守・介・掾《じょう》・目《さかん》は国司の四等官である。

藤原興世《ふじわらのおきよ》

　出羽国守正五位下藤原朝臣興世

藤原保則《ふじわらのやすのり》

　正五位下守右中弁兼行出羽権守藤原朝臣保則

小野春風《おののはるかぜ》

　陸奥鎮守将軍従五位下小野朝臣春風

坂上好蔭《さかのうえのよしかげ》

　陸奥権介従五位下坂上大宿祢好蔭

文室有房《ふんやのありふさ》

　従五位下行権掾文室真人有房

　＊元慶二年六月以前は正六位上

小野春泉《おののはるいずみ》

　正六位上行権掾小野朝臣春泉

藤原滋実《ふじわらのしげざね》
　左馬権大允正七位下藤原朝臣滋実
藤原統行《ふじわらのむねゆき》
　従五位下行権介藤原朝臣統行
清原令望《きよはらのよしもち》
　正六位上行左衛門権少尉兼権掾清原真人令望
茨田貞額《まむたのさだぬか》
　右近衛将曹従七位下兼行権大目茨田貞額

この他の重要人物としては、摂政であった藤原基経《ふじわらのもとつね》がいる。この基経と出羽権守の藤原保則、鎮守将軍となった小野春風の三人の思惑が食い違い、その相克が乱の終息に大きく関わることになる。ここでは三代実録の記述を追って、乱の経過を見ていくことにしよう。

元慶二年（八七八）三月二十九日条
出羽守藤原興世《おきよ》の奏言。

「夷俘叛乱。今月十五日秋田の城ならびに郡院の屋舎、城辺の民家を焼き損なう。仍《よ》って且つは鎮兵を以て防守し、且つは諸郡の軍を徴発せり」

秋田城襲撃は満月の日に実行された。秋田城は雄物川右岸の高台にあり、平野のかなりの部分を見渡せるから、昼間はもちろんのこと夜間であっても松明を使えばすぐに捉えられる。それ故、彼らは決行の日を満月に近い晴か薄曇りの日と定めた。蜂起軍は月明かりの下で行軍し、秋田城直下まで達したのだろう。奏言に襲撃の時刻はないが、蜂起した日から考えれば、これは深夜か早朝の奇襲だとする方が自然である。

秋田城炎上の報を受けて、出羽国府は短い奏言を発した。だが出羽守は、暴政を行なったであろう多治比高棟ではなく、藤原興世である。出羽守がいつ高棟から興世に替わったかは正史にないが、乱直前の交代だったのは確かで、それは興世の赴任に伴って子の滋実《しげざね》が同行し、「時に賊乱に値《あ》いて早く還るを頑ぜず」と記された七月十日の勅の一文から察することができる。

興世は八七七年（元慶一）十一月二十一日に正五位下に昇っているが、そこには「行出羽守」とあるから、出羽守となったのもこの頃だと思われる。それから準備を整えて京を発ったとすれば、出羽に着いて間もなく乱に遭遇したことになる。興世は、多治比高棟の失政の付けを払わされたも同然で、ついていないとしか言いようがない。

おそらく興世は体を壊していたのだろう。左馬寮の権大允であった滋実は、父の体を案じ許可を得て出羽に同行したが、乱に遭遇した父を見捨てられず、乱の終息まで出羽に留まることになった。

滋実は知識人で、理非に拘り曖昧な対応を嫌ったという。その滋実と親交を結んだ菅原道真が滋実が死去したとき「哭奥州藤使君《こくおうしゅうとうしくん》」の追悼詩を書いたことは既に述べている。

この初戦で、蜂起軍は秋田城を焼いた。これは無論、城の防御力を失わせるためだが、別の見方をすれば、城を基地として使用するつもりは毛頭なかったということでもある。

この奏言は出羽国府の狼狽を表わすようにひどく短いが、しかしこの短い文章のなかに検討しなければならないことが二つある。

まず出羽守興世が嘘をついていること。奏言には「鎮兵を以て防守し」とあるが、後の藤原保則の奏言に「凡そ当国は兵士鎮兵千六百五十人あるべし、而るに承前の国司は一人も置くなし」とあり、また乱後には「承前の国司、健児《こんでい》を以て戍《まも》りと為し、兵士鎮兵は一人も置くことなし」と言っている。健児とは国司官人の子弟を兵士としたものだが、鎮兵や例兵に比べれば、明らかに数は少なかった筈だ。前国守多治比高棟と秋田城の介良岑近は、鎮兵と例兵を廃して出羽をほとんど無防備の状態に置いた。彼らは蝦夷や百姓を侮り、叛乱への怖れを懐いてなかった。いやもしくは、単に支給する稲が惜しかったのかもしれない。

鎮兵とは陸奥と出羽にのみ置かれた専任兵士で、例兵は徴発された百姓兵である。出羽国の鎮兵は六百五十人だから、例兵は千人ということになる。例兵は百姓の課役なので食料を支給するだけだが、鎮兵はそれに加えて俸禄を払わねばならなかった。鎮兵はともかく、百姓である例兵は働き手を取られた上に俸禄も貰えず、そのうえ税は負担しなければならなかったから、こんな酷い話はない。

出羽は数年に渡って不作であったから、租稲も出挙の利稲も激減していたことだろう。出挙の利稲は一定量を不動穀（備蓄米）に回せば、残りを公廨稲《くげ》として国司が取ることができたが、出羽国司はその分け前にさほどありつけなかったのではないか。

貞観十七年に津軽渡嶋蝦夷への布支給を制限した可能性があると先に述べたが、この時太政官が命じた不足分の国司負担は、この公廨稲から賄えという意味だったから、取り分が減っていれば、私利に走る国司が支出を惜しんでも不思議ではない。この兵士の廃止も同様で、多治比高棟と良岑近は鎮兵と例兵の俸給と糧食の支給を惜しみ、国司や郡司の子弟から少数の健児を組織することでそれに代えたのだろう。

藤原興世は太政官の叱責を恐れてその事実を隠した。いずれ鎮兵を集めるつもりだったのだろうが、急進する事態はその暇を与えてはくれなかった。あれよあれよという間に興世は指揮権を奪われ、藤原保則に取って代わられることになる。

次に二つ目である。「郡院の屋舎」が焼き損なわれたとある郡院、つまり秋田郡家の所在地についてだが、これは当時の蝦夷の状況を推測するうえで、かなり重要な問題を含んでいる。

現在、もっとも支持されているのは、高橋富雄氏や新野直吉氏が主張された五城目の石崎遺跡を秋田郡衙とする説だと思われるが、本書はこの説を採らない。

五城目は秋田城から直線距離にして、およそ二十五キロ北方にあり、そこを流れる馬場目川は、古代に大河《おおかわ》と言われた。藤原保則が出羽に着いてから発した七月の奏言に、叛乱した十二村の記載があり、なかに大河村が含まれている。石崎遺跡説は、その大河村に秋田郡衙があったとする。

この秋田郡衙の比定には、大河村をどう位置づけるかという問題が含まれ、それによって秋田蝦夷の置かれた状況はガラッと変わってしまう。これは本書の課題の一つでもあるので、元慶の乱の記述の後、「五城目の遺跡と三代実録」の項で述べたいと思う。

さて、この出羽国府の奏言を受けて、朝廷は即日勅符を発した。

「彼の国の今月十七日の奏状を得」と書き出し「犬羊の狂心暴悪を性と為す。追討を加えずんば何ぞ懲乂《ちょうがい》するあらんや」と蝦夷を獣の如くに罵りながら征討を命じたが、一方で兵力が足りなければ陸奥に救援を請えと指示し、同日陸奥国へも、国内を鎮め出羽国が援兵を請えばそれに応じよ、と勅した。

この時の朝廷は「時は農要にあり、人耕種を事とす。若し多くの衆を動かさば恐らく民の務を妨げん」と述べて、百姓の農事への影響を心配し、叛乱についても「抑《そもそ》も亦国宰も良ろしからず。宜しく慰撫の化を施し、以て風塵の乱れを遏《とど》むべし」と出羽国府を諭していて、まだ余裕が感じられる。

四月四日条。出羽守藤原興世の奏言。

「その後小野春泉、文室有房らを差《つかわ》し、授くるに精兵を以てす。城に入りて合戦するに夷党日に加わり、彼衆《おお》くして我寡《すく》なく、城北郡南の公私の舎宅皆悉く焼け残し、人物を殺虜すること勝げて計《かぞ》うべからず。此の国の器仗、多く彼の城に在り。城を挙げて焼け尽くし一も取る所なし。しかのみならず、去年登《みの》らずして百姓飢弊し、軍士を差発するに曾て勇敢なる者なし」として隣国の援兵を求めている。

奏言を発した日付は不明だが、早くても三月二十四日前後。戦が行なわれたのは二十日から二十二日の頃であろう。秋田城が襲われてから、七日ほどのうちに小野春泉と文室有房は秋田城奪還に向かったことになる。

ここには兵力が記されていないが、秋田城炎上からさほど日にちが経っていないので、多数の百姓兵は徴発できず、他郡の俘囚の助けを借りたとしても、兵数は余り多くなかったのではないか。何日間も戦ったように書かれているが、一日、二日ほどの合戦で国府軍は敗れたのであろう。

一方、乱勃発時の様子を記した藤原保則伝には、反乱軍は兵を分けて諸城を囲み、国守藤原興世は府城から逃走、と記されている。だがこれは全くの創作である。清行は保則を讃えたいあまり、意図的に反乱軍の行為を過大にし、出羽守藤原興世を臆病者に仕立てている。

この時蜂起した民が襲ったのは秋田城だけで、雄勝城や出羽国府などの「諸城」は包囲しなかったし、興世も国府から逃げてはおらず、秋田城奪還を指示して、その結果の報告もしている。出羽守が国府から逃走するなら逃げる先は越後しかなく、清行の文が正しければこれはとんでもない大事で、正史が記録しない訳がない。保則伝を信じて興世が国府から逃げたとする記述を時折見かけるが、それは正しいものではない。

但し、藤原興世の奏言にも矛盾と誇張がある。矛盾の方は秋田城奪還に向かった兵士を「授くるに精兵を以てし」としながら、後段では「百姓飢弊し、軍士を差発するに曾て勇敢なる者なし」と記していることだ。これは当然後段の方が本音で、百姓には戦える体力がないが、それでも百姓を兵に徴発するしか方法がないと言っているに等しい。鎮兵がいないことが、これで露呈してしまっている。

誇張の方は「人物を殺虜すること勝げて計うべからず」とした箇所である。乱が終息した後の保則の奏言に、百姓の犠牲者数の記述がある。これは戸籍から死者を除くための手続きに基づいているから人数に誤りはない筈だが、その数は九十九人である。

この乱の戦は、この後更に大きくかつ激しくなっていくことを考えれば、これは極めて少ない数と言える。もし興世が言うように、最初の戦闘で「勝げて計うべからず」というほどの犠牲が出ていたのなら、とても九十九人では収まらなかったことだろう。興世は殊更に蝦夷の凶暴さを強調して、自らの保身としているようにみえる。

それに秋田では大規模な逃散が起こっていることを忘れてはならない。この逃散民は奥地へ、つまり蝦夷の元へ逃げている。秋田郡にはほとんど百姓が残っていなかっただろうから、大規模な殺虜などができよう筈がない。

穿った見方をすれば、前守のときに起きた逃散の責任が我が身に降りかかるのを恐れて、興世はここで殺され虜にされた者が数え切れないほど多かったと奏言して、秋田郡百姓の減少を糊塗したかったのではないかとも思われる。

加えて死亡した九十九人は蝦夷によって殺されたとは限らないことも付け加えておく。彼ら百姓は後に保則自身が「三分の一は奥地に逃げ入り」と認めているように、蝦夷の元に逃げ込んだ。蝦夷は百姓を余所者として殺さず、反対に保護した。もし蝦夷が逃散民を殺していたなら、百姓の犠牲者はとても九十九人では収まるまい。何しろ逃散民の数は前述したように七千から八千人に達すると想定できるからである。

そして起こった元慶の乱では、逃散した百姓が蝦夷と共に戦ったと考える方が自然だ。飢えているのは蝦夷も百姓も同じ、収奪している敵も同じ秋田城司。その秋田城を襲って、食料を取り戻すという蜂起に、百姓が加わらない筈はあるまい。

だとすれば、殺された九十九人の百姓のうち官軍に加わった者を除けば、大半は叛乱側にあった者たちということになる。つまり彼らを殺したのは、蝦夷ではなく官軍だった可能性の方が高い。

この逃散した百姓に対して、では叛乱した蝦夷はどれほどの数に上るのだろうか。先に出羽の蝦夷の数を三万三千から三万七千と推測したが、乱を起こした秋田北方の蝦夷の人口は全く分からない。判断する根拠がないからである。敢えて推測すれば、多く見積もっても一万人は超えなかっただろうと思われる。ところが逃散民は乱直前には先の数となり、人口は一・七から一・八倍、もしくはそれ以上に膨張した。これは大変な事態だったことだろう。

八郎潟の大河村は古くからの拠点集落で、かなりの備蓄があったと思われるが、他の村の生活程度を推測できるものはあまりない。仮に米や干し肉、栗などの堅果類、魚の燻製などをある程度蓄えてあったとしても、人口が二倍弱にも増えればとても保《も》つまい。蝦夷と百姓は共同して水産物や獣、山菜を捕獲採集しただろうが、それもいずれは尽きたであろう。

それに引き替え秋田城には大量の米穀があった。それらは総て百姓や蝦夷から強奪したもので、食料が欠乏すれば、自分たちの生産物である秋田城の備蓄を取り返そうと彼らが決意したとしても不思議ではない。

飢餓窮乏の期間に、彼らは収奪するだけの統治機構である朝廷という存在に疑問を持ち始めたのではないか。とは言っても、それまで集落ごとのまとまりしか持たなかった蝦夷が、朝廷の支配から脱却して、秋田に蝦夷百姓の自治区を作るという方針をまとめあげたのは驚嘆に値する。その考え自体は共有できたとしても、それを全体化するには、諸村の意思疎通がなされていなければならず、合議体の形成が前提とされるだろう。これにはかなりの時を要したと思われるが、しかしそれでも彼らはそれを成し遂げた。それが現われたのが、後に蝦夷たちが出した要求、秋田河以北の自治権である。

更に一つ、この奏言から読み取れることがある。それはかなり重要なことで、この乱が突発的な暴動とは違うことを示すものだ。

決行の日を満月の夜としたことからも分かるように、この乱は周到に準備されている。蝦夷と百姓は事前に戦略を練って蜂起を決行した。その一端を示すものが奏言の次の箇所にある。

「此の国の器仗、多く彼の城に在り。城を挙げて焼け尽くし、一も取る所なし」

ここで言う器仗には武器だけでなく、防具も含まれると考えた方がよいが、興世はその器仗が悉く焼けたと報告した。しかしそれは誤りだったことが後の藤原保則の奏言で明らかになる。蜂起軍は器仗を焼かず、自分たちの武器防具として使っていたのである。

蜂起した民は人を殺すことを目的とせず、傷つけて戦闘不能とし、追い散らしては器仗を奪って官軍の戦闘力を弱めることに主眼を置いた。これは以後の戦いでも一貫している。彼らが極力殺傷を避けたのは、官軍に動員された俘囚百姓の怨みを買うまいとしたからだとも考えられる。百姓の死者数が極めて少ないのはそのためで、とすれば蝦夷は附子の毒も用いなかったのだろう。これは従来の蝦夷の蜂起にはない画期的な戦略である。

さてこの二度目の奏言を受けて、朝廷は陸奥国に急ぎ二千の兵を発するよう命じ、合わせてその兵には各々「路粮」を備えよと付け加えた。路粮は行軍のための糧食だから、ようやく朝廷は出羽に食料がないことを悟ったのである。また勅には「若し遅留を致さば、処するに重科を以てせん」と付け加えられている。朝廷は陸奥国が援兵を渋っていると疑い始めるが、これは事実そうであった。

四月二十二日。

朝廷は坂上好蔭を陸奥権介とした。好蔭は田村麻呂の曾孫で無論武官だが、この時は散位《さんに》、つまり無官で職には就いていない。彼は武官としての才能を見込まれて出羽を救援する陸奥の介に起用されたが、すぐには陸奥に発たなかった。それは藤原基経の意向であったようだ。

この時、基経は摂政に就いている。陽成天皇は即位の時わずか九歳だったから、政治を執るわけにはいかず、清和上皇は基経を摂政とした。基経はまだ秋田の事態に危機感を持っておらず、陸奥が援兵を発すればいずれ収まると見込んでいたのではないか。それ故好蔭は暫く京に留められ、事態の進展が明らかになるまで待つことになった。

朝廷の決定権は事実上、基経に委ねられていたから、この人の現状認識は重要であった。しかし乱が進むにつれ、出羽の指揮を執ることになる藤原保則と判断が食い違っていき、強硬策を主張する基経の主張の前に、保則は苦労することになる。

b　秋田河以北を己が地と為さん

四月二十八日条。

出羽国府四月十九日発の奏言。

「賊徒弥《い》や熾《さか》んにして討平らげる能わず。且つ六百人の兵を差して彼の隘《あい》口《こう》野代の営《たむろ》を守らんとするに、焼山に至る比《ころ》、賊一千余人ありて官軍の後ろに逸出し、五百余人を殺略して脱《の》れ《が》帰る者五十人。城下の村邑、百姓の廬舎、賊のために焼き損はるる所の者多し」

野代は現在の能代。米代川の河口である。七七一年（宝亀二）に渤海使が「野代湊」に着いたときには「出羽の賊地」と記されている。確かに野代は八郎潟の北で、賊徒とされた蝦夷俘囚十二ケ村の只中にある。

この野代にはよく渤海使が漂着したようで、七二七年（神亀四）に渤海使が殺害された「蝦夷境」もこの野代湊だったのではないかと思われるが、このような殺傷沙汰によって、九世紀に入ると渤海使は北陸以西に来着するようになる。

だが野代には渤海使が漂着する可能性が常にあり、また津軽や渡嶋蝦夷との交易上の接点でもあったから、出羽国府はここに営を置く必要に迫られた。それには当然蝦夷の了解がいる。国府は何らかの見返りの元に営を置くことができたのだろう。無論これは柵ではなく、少数の官人が置かれた施設で、蝦夷俘囚の領域に残された点のような存在である。

この営を守るために、国府は六百人の兵を出した。野代に行くには焼岡・方上《かたがみ》・姉刀《あねと》・大河などの叛旗を翻した村々を通っていかねばならないから、わずか六百の兵で行くのは無謀極まりない。出羽守藤原興世の判断能力は、おそろしくお粗末である。

この六百の兵は最初の奏言に「諸郡の兵を徴発」とあるように、秋田郡の百姓ではなく、他郡の百姓や俘囚から徴発された。これを見ても、すでに秋田郡には民がいないことが覗われる。

この軍が襲撃されたという焼山は、どこだろうか。秋田城の柵内に現在焼山と呼ばれる場所があるが、無論そこではあるまい。官軍が河辺から秋田平野に入ったとすれば、野代へは北西に進まねばならないが、城は西の外れである。

兵力が少ない官軍は見通しのいい平野を避けた筈で、おそらくは旭川の東を進み、北端の丘陵に突き当たったところで山根に沿って北西に進んだだろう。すると袴越山《はかまごしやま》の鼻のところで草生津《くそうづ》川を渡ることになる。

この「くそうづ」は臭い水で、石油のことである。秋田平野の北方、槻ノ木の豊川油田近辺が有名で、石油と少量の天然ガスを出すが、この草水津川流域でも石油は出る。

この石油や天然ガスは時折自然発火して燃えることがあっただろうから、焼山とはこの草生津川源流の丘のことではないか。

草生津川左岸にある袴腰山北麓は鉤の手に丘陵が曲がり、兵を隠すには絶好の地形である。斥候によって官軍を捕捉した蜂起軍は、この山の陰で待ち伏せ、官軍をやり過ごして後ろを取った。背後から襲ったという記述からは、そのような光景が浮かんでくる。

しかし、この戦法は簡単そうに見えて、実際はかなり難しい。敵の動きを把握して待ち伏せ、横合いから奇襲する戦術ですら、敵に発見されて失敗することがままあるのに、敵をやり過ごして背後から襲う戦術はその上を行っている。それには彼我の速度、進路の推測、地形の把握など、様々な情報を総合してすばやく判断しなければならず、なかなか採れるものではない。この奏言を見ると、蜂起軍には戦術に長けた将がいたのではないかという推測が涌く。

この奏言に接して朝廷は漸く焦り始めた。まず出羽国には「今上《たてまつ》る所の奏状、極めて省略を為す」と事態の子細が伝わらないことに苛立ちを見せ、「必ず事の巨細なく委曲を記録して知見せしむべし」と苦言を呈した。

次いで上野下野の二国に各千人の兵を出すよう命じ、陸奥国には怒りを露わにした勅を下した。「援を彼の国に請うこと已に五度に及ぶ。而るに多く旬日を経るも未だ来救あらず」と出羽国が言っている。「甚だ惰慢なるに似たり」「若し重ねて稽引《けいいん》せば、国に厳刑あらん。速やかに破竹の勢を施せ」なかなか二千の兵を出さない陸奥国府に対して、基経の怒りの形相が覗えそうな勅符である。

五月四日。

右中弁藤原保則を正五位下として出羽権守《ごんのかみ》とし、他に左衛門権少尉清原真人令望《よしもち》を権掾、右近衛将曹茨田貞額《まむたのさだぬか》を権大目《さかん》とした。

ここに至って摂政基経は、藤原興世では事態が収まらないと考え、良吏として知られた藤原保則に事態を収拾させようと決意した。保則らの三人は現職との兼任にしているから、この時の基経は乱の平定後に彼らを元の職に戻すつもりでいたのだろう。

保則は位階を一つ上げられ、国守藤原興世と同格になった。この人事は「藤原保則を以て兼ねて彼の国の権守に任ず。宜しく軍機の事によりては、その指揮に従うべし」と出羽国に告げられている。これによって軍事権は興世から保則に移り、保則が出羽に着くとともに興世は元慶の乱の正史から姿を消すことになる。

「藤原保則伝」には保則が備前国で善政を行ない、任が解けて帰京する際には備前や備中の民がそれを惜しんで道に群れたとあり、保則の温情的政治を讃えている。保則を賛美するために、かなり脚色されているとは感じるが、保則が良吏として評価されていたことは、確かである。

保則は元慶の乱を収拾したあと、本来戻されるべき右中弁には復帰できず、地方官を転々とした。乱の経過を追えば自ずと察せられるが、これは摂政基経の怒りを買ったためであろう。だが基経が死んだ途端、彼は左大弁として太政官に復帰し、参議にもなっている。菅原道真を起用して寛平の改革を行なった宇多天皇が、道真の補佐役として保則を抜擢したからだが、これは官吏としての評価が高いことを傍証するものだろう。十年余りも国司に埋没していた者が太政官に上がり、更に参議となるなど普通はあり得ないことだからである。

そしてこの翌日、漸く陸奥から兵を発したとの報が届いた。

五月五日条。陸奥国守源恭の奏言。

「兵二千を発して出羽国に差し遣わすこと既に畢《おわ》んぬ。更に彼の国の請いに依りて亦五百人を発せり」

この奏言が発せられたのは三月二十五日だと勅符にはあるが、これは四月二十五日の誤りであろう。三月なら出羽から五度も催促がいく必要がないし、京に着いた日付からしても四月でなくてはおかしい。

さてこの奏言には二千の援兵に加えて更に五百を発したとあるが、これは解せない。この後いつになっても五百の兵が出羽に着いたという記述はなく、陸奥兵は二千から上には増えなかったからである。

藤原保則が京を発ったのは、この奏言を聞いてからになった。彼は東大寺の別当職も兼ねており、その職を解かれたのが五月二十七日だからだ。おそらく出立はその直後で、清原令望と茨田貞額も同行した可能性が高い。

しかし彼らが京を発つ前に、出羽では事態が更に悪化していた。

六月七日条。

出羽守藤原興世の奏言。（この日の奏言は二通あり、内容もいくつかに分かれているので、小節に区切って述べる）

「権掾小野春泉、文室有房ら秋田の営《たむろ》に在り」

冒頭のこの文章はかなり唐突で秋田の営の説明もないが、ただこの文面から六百の兵を率いて焼山で敗れたのが、この二人であったとは推測できる。彼らは敗れたあと急遽営所を作って、そこに拠った。それが秋田の営であろう。四月二十八日の条に六百の兵のうち残兵は五十とあるから、ひどく心細い状態だったに違いない。

秋田の営の場所は、太平川の南であろうという推測は既に述べている。旭川と太平川は下流域で急速に接近してくるので、二本の川を濠として利用できる。秋田の営があったのは、おそらくその辺りであろう。

営の候補として草生津川の合流点付近を挙げたものもあるが、それでは秋田城に近すぎ、また川に阻まれて南への逃げ口がない。劣勢の官軍が好んで背水の陣に拠るとは思えず、この説には肯けない。

「去る四月十九日、最上郡の擬大領伴貞道と俘魁《ふかい》玉作宇奈麿を遣わし官軍五百六十人を将《ひき》いて、賊類の形勢を須候《うかが》はしむ。路に賊三百余人に遇いて合戦し、賊十九人を射て傷つけ官軍の傷を被る者七人。貞道は流れ矢に中《あた》りて死にき。廿日、賊衆増加して相敵すべからず。暮れに会いて戦い罷み、軍を引きて営に還る」

四月十九日は焼山の敗戦を告げた奏状が出羽を発した日である。国府はこの敗戦を知って急遽軍を編成し、秋田に向かわせた。伴貞道は最上郡の郡司で、長の大領と同格の擬大領、玉作宇奈麿は俘魁とあるから俘囚の長、おそらくは最上郡俘囚であろう。彼らは各々百姓と俘囚の兵を率いてきた。

春泉と有房はこの兵を見て、ほっとしたであろう。後に明らかになるが、命からがら逃げた五十人の残兵は武器も捨てて裸同然で、彼らには戦う術がなかったからである。

貞道と宇奈麿は戦力にならない春泉たちの部隊を営に置いて出発した。形勢を覗わしむとあるから威力偵察のつもりだったのだろう。しかし、彼らは蜂起軍の小部隊と遭遇戦になってしまう。

この戦いでは当初官軍が優勢だったように描かれるが、貞道が戦死しているところを見れば、かなり疑わしい。流れ矢としたのは、官軍が勝っていたと言いたいがための作為ではないか。これは偶発的な流れ矢ではなく、戦闘中に矢に当たり戦死したものであろう。

「明日、凶徒挑来して接戦す。賊の死者五十三人、瘡者三十人。官軍の死ならびに瘡痍者廿一人。賊の弓三十一、靭《ゆぎ》二十五、襖《ふすま》十七領を奪い取り、米穀、備、稲も亦複《おお》く数あり。賊の蘆舎十二を焼き生虜七人なり。官軍疲れ極まり射る矢も亦尽く。因りて引き営に還る」

これは二十一日の戦闘の様子だが、ここの表現もかなりおかしい。蜂起軍が襲撃してきたとあるが、後段の捕獲物を見れば、官軍の方が蜂起軍の宿営していた集落を襲ったとしか見えない。襖は寝具であって、襲撃する兵が持ち歩く訳はなく、十二軒の家も焼いているし米穀だけでなく備蓄の稲も奪っている。どう見ても襲ったのは官軍の方だろう。

ではこの戦場となった集落はどこだろうか。まず考慮されねばならないのは、二回の戦闘とも終了後に官軍が営に帰っていることである。特に二十一日には矢が尽きてから帰営している。つまりそんな危うい状態でもすぐ営に戻れる距離ということになる。すると範囲は自ずと限定される。

四月四日条に「城北郡南」の家が悉く焼けたという箇所があったが、蜂起軍は官軍に屋根のある宿舎を残さないという戦術を採り、城や郡家周辺の家々を焼いた。これは逃散した百姓の了解の元に戦略として組み込まれたものだと思われるが、とは言っても城や郡家から東に離れた旭川辺りまでは焼かなかったのではないか。

先に述べたように営が太平川の南とすれば、官軍が襲った集落は、平野部の旭川に近い地域が最も可能性が高い。例えば条里制の遺構が残っていると先に述べた、平野の北東にあって旭川の平野部への出口に当たる泉地区なら、営から直線四キロである。そういう秋田平野東端、旭川近辺の村落に蜂起軍は宿営し、官軍はそこを襲った。そうであれば営に引き上げることは可能だ。

一方、これを蝦夷十二村への襲撃とするのは無理がある。十二村のうち最も平野に近い焼岡村は、金足の高岡と推定されるから、太平川からは十五キロ以上も離れている。矢が尽きた状態で戻るには危険すぎる距離で、とてもそこまで遠出はできまい。

「今月七日、重ねて宇奈麻呂を遣る。高きに登りて候望《うかが》うに俄爾《にわか》にして賊に遇い、剣を抜きて相闘い、首を斬ること二級。宇奈麻呂賊手に没す」

「今月」は出羽国府が奏言を発した五月のこと。（奏言が出羽を発った日付は不明だが京に着いた日付から考えれば五月下旬か）

木に登って窺っているところから、これもやはり偵察であろう。だがここでも敵に遭遇し、宇奈麻呂は戦死した。

ここまでの奏言の内容を見ると、出羽国府の焦りが見て取れる。手酷い敗戦続きに朝廷の心証は著しく悪化していたから、国府は何とか官軍の戦果を太政官に示したかったに違いない。詳しく彼我の損害を述べたのは、官軍の方が勝ったと報告したい一心だったのだろう。

だが救援の軍を率いてきた貞道と宇奈麻呂の二将が討死してしまっている。将を討たれた軍が勝ったと言えないのは常識だから、国府はそれを何とか糊塗して、朝廷の怒りを逸らしたかった。それが彼我の損傷の差として表われたのではないか。宇奈麻呂が戦死する前に敵二人を倒したと記したのも、そういう心情の表われであろう。とすれば、この戦闘結果の報告自体が些か疑われてくる。

官軍は蜂起軍の圧力を跳ね返せていないと考えるのが妥当なところで、そうでなければ蜂起軍は続いて記述される次のような行動は取れなかった筈だ。

「その後、俘囚三人あり。来たりて言《もう》す。賊は秋田河以北を己が地と為さんと請う」

ここに画期的な申し入れが述べられている。朝廷の優位を示すため「請う」と表現されてはいるが、これは要求である。秋田河（雄物川）から北を自分たちの地と認めろという。これは蜂起軍からの停戦の条件提示だと考えられる。秋田河以北の自治権を認めれば、戦闘を停止するということであろう。

出羽国府は狼狽したに違いない。朝廷が驚愕するような申し出を報告しなければならない状況に陥って国府は憔悴し、それが前段のような意図が分かりにくい戦闘報告になったと思われるが、それは次の文章にも表われている。

「更に賊五人あり。甲冑を着、草中に隠れ伏す。軽兵百余人を遣り、追いて三人を射殺し、鞍馬、弓矢、鞆、剣等の物を奪うこと数あり」

この報告には前文との関連性がなく、必然性も全くない。三人の所持品が「数あり」と誇れるほどのものではないのも明らかだ。何でこんな文章をここに挿入したのか理解に苦しむ。これも少しでも非難を躱したい心情の表われなのか、事実起こったことかどうかも疑わしい。抑も和睦の使者を前にしてこのような殺戮はしない。そんなことをするなら、使者の方を捕らえそうなものである。使者を捕らえれば蜂起軍は戦闘を激化させるのは必至で、それを恐れたとするなら、この三人の蝦夷を殺したのもおかしい。

「自後、賊徒猥盛にして侵凌息《や》まず。官軍の征討、未だ摧滅するに由なし」

これが国府の本音であろう。到底賊徒に敵し得ないと自ら認めている。この支離滅裂な奏言は国府の狼狽を表わして余りあるものだ。

この日、続けてもう一通の奏言が京に届く。二通の奏言が同日に到着すること自体異例である。

六月七日条。

「この日、重ねて飛駅して言いて曰く。権介藤原統行《むねゆき》、権掾小野春泉、文室有房ら進みて秋田旧城に至り、甲を蓄え粮を積む。陸奥横領使大掾藤原梶長らが将いる所の援兵、本国の兵卒と合わせて五千余人、聚まりて城中に在り」

ここに藤原統行の名がある。この人は元慶の乱が起こる直前、八七八年（元慶二）二月に散位から出羽権介に任命された。その前月には忠宗是行《ただむねのこれゆき》が出羽介に任じられているから、これは秋田城の介であった良岑近が解任されたことを意味する。加えて藤原興世が出羽守となったのが、三ヶ月前の十一月下旬であるとすれば、出羽の守と介が一挙に交代させられたことになる。それからすると、太政官は出羽守多治比高棟と介の良岑近の横暴をうすうす察していたとも考えられる。

藤原興世は十一月の任命だったため、交代した途端に乱に遭遇することになったが、忠宗是行は正月の除目なので、乱勃発には間に合わず、蜂起のとき秋田城にいたのは暴政を行なった良岑近その人であったと思われる。藤原保則伝は秋田城襲撃の際、近が秋田城から逃げ出したと記述しているが、これは事実そうであったのだろう。
さてここに「進みて秋田の旧城に」とあるように、官軍は漸く秋田城まで進出した。小野春泉と文室有房が破れてから久々のことである。また延暦の十万に比べればごくわずかな数だが、当時では大軍といえる五千の兵を集めた。朝廷には万を超える軍を組織する力は既になく、後に述べるように各国千人と指示された上野と下野もその人数を揃えらなかった。そのような時代状況での五千の兵は、充分大軍の名に値する。

「賊、不意に出でて四方より攻め囲む。官軍力戦すれども賊勢転《うた》た盛んにして権介統行ら戦に敗れて帰る。権掾有房殊《こと》に死して戦い、賊数人を殺す。賊の矢、左脚に中《あた》り瘡を被れども、いよいよ厲《ふる》う。軍の後継なくして身を挺して逃げ帰る。権介統行の男《むすこ》、軍に従いて戦にあり。及び権弩師神服直雄《かむはとりのなおお》、並びに戦いて死す」

官軍は建物が一切なくなった秋田城で露営し、そこを襲われた。後に藤原保則は八月四日の奏言で、この戦の状況を次のように述べている。「この時に当たりて雲霧晦合し対座して相見えず。営中擾乱して官軍敗績す」
奏言にある「不意に出でて」から、奇襲だったことが知れる。とすれば三月十五日の秋田城襲撃と同様、これは昼間の戦闘ではない。相手が見えないほどの霧とあるから、白々明けに朝霧の中で行なわれた戦いであろう。蜂起した民にとって、この濃霧は天佑であった。

秋田城には正門である東門と雄物川に近い西門が確認されているが、他にも門はあったと考えられている。蜂起軍は官軍を追い落として器仗を奪うことを目的としたから、「四方より攻め囲」んだのではなく、一つの門を空けて他の門から一斉に討ち入る常套手段を取ったのであろう。官軍を一気に瓦解させるには最良の戦術だが、それには多くの兵の圧力が必要となる。おそらくこの戦さには大勢の百姓が加わっていた筈である。

官軍は蝦夷が放つ弓弦の音、多数の百姓兵がどよもす喊声などによって乱れ立った。百姓には竹槍程度の武器しかなかったとしても、それで充分だったに違いない。官軍は瞬く間に崩れ、徴発された百姓兵は我先に逃げ出した。蜂起軍の兵力は、官軍を下回っていただろうが、それでも彼らは勝った。これは戦術の勝利と言ってよく、官軍の狼狽推して知るべしである。

この戦闘について、三善清行の保則伝には正史にない出来事が記されている。どこまでが事実か判然としないが、一部検討に値する記述があるので要約しておく。

〝陸奥国は騎兵千人、歩兵二千人を発し、出羽国の歩騎二千人と共に秋田河辺に屯営した。そこに千余人の賊徒が軽舸に乗り流れに従って至った。梶長らの歩兵が戦うも大霧で四面暗く、賊徒数百人が官軍の後ろに回り、前後を挟まれた官軍は大潰。文室有房は創を負って死にかけ、小野春泉は死人の間に伏せて免れた。藤原梶長は草の間で五日間を隠れ過ごし、賊が去ったあと陸奥に逃げ帰った〟

六月十六日の奏言にあるが陸奥の援兵は二千で、三千の兵を揃えたのは出羽国軍の方である。また秋田河の川辺で屯営したというのも誤りで、正史は「聚まりて城中にあり」としている。丘と川に挟まれた場所で宿営するより、高台で見通しの利く城の方が理に叶っているのは言うまでもない。

有房は死にかけはしなかったが、踵に矢を受けたのは事実。清行は「殊死而戦（ことに死して戦い）」を「殆死（死にかけた）」と誤って取ったようだ。また藤原梶長が後に逃亡したのも事実である。

春泉が死人の間に伏せて助かったというのは如何にもありそうだが、梶長が五日間も城内で潜伏したとするのはどうだろう。襲撃当日の日中に隠れ潜んだとしても、夜間になれば脱出できただろうし、蜂起軍は器仗や物品を奪えば、城内に長居しなかっただろうから、隠れ潜んで営に着くのが遅れた梶長を揶揄するための記述であるのかもしれない。

特に正史にない記述で重要なのは軽舸に乗って賊徒が流れ下ってきたという箇所で、これは乱の帰趨を分けることになる津軽蝦夷の去就に関連するかもしれないので、後に検討する。

「甲冑三百領、米・糒七百碩《せき》、衾一千條、馬一千五百疋、尽《ことごと》く賊の取る所と為る。自余の軍実、器状、什物、一として存在《ある》ものなし」

官軍が秋田城に持ち込んだ糧食や器状は総て奪われた。ここでも蜂起軍は官軍を追い散らして物資を奪っている。

先に秋田城にあった出羽国のほとんどの器状を取られ、ここで又なけなしの器状を奪われた。出羽国府は国内の器状総てを掻き集めてこの戦に望んでおり、この敗戦の結果、出羽の兵にはついに器状がなくなった。翌年三月の奏言では、この後の状況を「当土の卒は甲冑なきによりて」と述べている。

国府にとってこれは痛手を通り越して、将に危機的状況であった。武器も防具もなくなり、馬さえ奪われた。千五百頭もの馬が蝦夷の手に入れば、彼らの戦闘力が格段に増す。蝦夷の戦闘が弓馬に優れているのは、この頃の常識である。

しかし一方で、この奪われた馬には、解しかねるところもある。乱後の八八一年（元慶五）に保則がまとめた「元慶二年に夷虜のために焼き盗まれしもの」のなかには、馬の記述がないのだ。この報告は元慶二年に奪取された物品の集計である筈だが、これに馬が含まれないのが不可解である。保則はこの戦闘での損耗分は興世が報告しているとして、除外したのだろうか。

だが、そうであったとしても、この損失した馬の数自体が不審である。五千の兵に千五百の馬というのは多すぎよう。

無論、五千のなかには俘囚もいて、彼らは騎馬兵の比率が高かったかもしれないし、輜重用の馬もいたことだろう。だがそれでも、馬の数は一割がいいところで、二割に届くとは思えない。とすれば、この千五百頭の馬には、官軍の騎馬以外の馬が含まれていた可能性が考えられる。それは案外、暴政を行なった秋田城司良岑近が蝦夷から強奪し、私物化したものだったのかもしれない。蝦夷の馬は京で高く取引され、また高官への贈答品として喜ばれたからである。この時、近は既に解任されて出羽を離れていただろうから、官軍がそれらの馬を接収した可能性はある。

さて、同日に届いた二通の奏言、ここに作為はなかっただろうか。出発日は別で、たまたま同日に到着したということもあり得るが、しかし奏言の内容からすると些か首を傾げたくなる。出羽国はあまりの惨状に事態を経過どおりに報告するのを怖れ、一通目の怪しげな戦勝報告に蜂起した民の独立要求を加えて、官軍大敗の報告と切り離したのではないか。とすれば、「秋田河以北を己が地と為さん」の要求は、この大敗のあとに出されたと考えた方が、自然である。

c　お手上げの国府、動揺する朝廷

六月八日条。

「散位従五位下小野朝臣春風を鎮守将軍と為す」

六月七日の長く錯綜した奏言を見た朝廷は、翌日即座に小野春風を鎮守将軍とした。春風は元慶の乱に既に登場している小野春泉の兄だが、この人は春泉と違って若い頃に京に出ている。

小野家は小野妹子を祖とする家系で、春風・春泉の父の名は石雄《いわお》という。系図によって多少の乱れはあるが、石雄は田村麻呂の副将軍であった永見の子とするのが通説で、小野氏の直近の分家にあたる。

小野氏の直系、つまり本家の方は、永見から岑守、更に篁《たかむら》へと引き継がれた。この篁は夜になると井戸の底から閻魔の府に行き大王の書記官を務めたと伝承されるほど、異能人として評判の高かった男で、春風にとっては大分歳上の従兄弟ということになる。

鎮守将軍となった春風は、先に任命された坂上好蔭と共に陸奥に派遣された。二人の官職が胆沢に

置くべき鎮守将軍と陸奥権介だったからである。

「星火進発して先づ陸奥に入り、各精兵五百を将いて奔赴して救わしめ給いき」二人は陸奥で兵を整えた後、出羽に向かうよう命じられた。朝廷はようやく本腰を入れたとは言えるが、二人に与えられた兵は各々五百ずつに過ぎず、それもなかなか兵を揃えられない陸奥で徴発することになるから、とても精兵を与えられたとは言えない。

またこの日、前条の奏言を携えてきた駅使が、異例なことに宮中に呼ばれて諮問されている。朝廷が余程に動揺していたことは、この日陸奥出羽按察《あぜち》使の源多《まさる》が職を解いてくれと懇願したことからも察せられる。陸奥出羽按察使は、すでに名目職となっていて、任命されても陸奥に赴く者は皆無だったが、それでも多は陸奥に行かされるのではないかと恐れたのだろう。

駅使は、官軍には戦う気概を持った者はおらず、敵を見れば逃げる有り様と言い。文室有房だけが踝《くるぶし》に矢傷を負っても、生存を顧みずに矢が尽きるまで戦ったと褒めた。これによって有房は位階を一つ上げられている。

また戦場からの使いが宮中に入ったことを穢れとして、その時内裏にいた者を祭事から外し、天皇の出座も取り止めた。秋田で戦わされている百姓兵への憐憫などは毛頭感じられず、京にいる己たちが穢れに染むことを恐れる。如何にも朝廷貴族らしい措置である。

六月十六日条。出羽守藤原興世からの奏言。

「賊鋒強盛にして日に暴慢を増す。営所を囲守《かこ》み、視るに去る意なく、官軍は畏懦して只逃散を事とす。陸奥軍士二千人、横領使大掾藤原梶長ら、窃かに山道を求めて皆悉く逃亡す」

陸奥国の兵は責任者も含めて山道を伝い、皆逃げた。秋田の営には出羽の残兵がわずかに留まるのみで、彼らには武器も防具もない。如何にも心細い状態で、ここで蜂起軍が南下すれば、出羽国府には防ぐ手立てがなかっただろう。

だが蜂起軍は南下をせず、営を攻めることさえしなかった。これは国府には不思議だったに違いない。蜂起軍は官軍が秋田平野に入らなければ攻撃しないと態度で示し、「秋田河以北を己が地と為さん」という自らの意志を具現して見せている。この状況から考えれば、秋田の営の位置は自ずと明らかになる。既に述べたが、営は平野を東から南に画す太平川の外側、河辺郡に入った辺りであろう。秋田平野から南には出ないと決めた彼らの判断は、蜂起の名分だけに留まらず戦略としても優れていよう。国府といわず他の城柵などを攻めることになれば、蜂起軍は分散せざるを得ない。そうなれば追っ付け他国の軍が参集し、各個撃破される羽目に陥る。それならば、あくまでも秋田を守り自らの領分で朝廷に対峙しようと彼らは考えた。これは長期の消耗戦まで見据えた戦略で、よく統制が執れている。

平野東端の添河（旭川）、南端の覇別河（太平川）には朝廷側に付く俘囚がいたから、彼らは平野の境を為すこの両川までを自らの領分として、それを越えなければ官軍を襲うことはしなかった。囲みとはあるが、囲繞《いじょう》されてしまえば国府への通報もできまいから、川を挟んで押さえ込み、渡河を許さなかったということであろう。

この戦術は有効であったと言ってよい。但し後に見るように、津軽や渡嶋の蝦夷が朝廷側に付いて、背後を襲わなければの話ではあるが。

さて一方、この報を受けた朝廷は、逃げ帰った兵二千を出羽に戻すよう陸奥国府に命じた。その勅符には逃散した兵が戻っていなければ不足の兵を補えという文言も加えられ、精強にして賢い者に宰領させせよとしている。

藤原梶長の逃亡が、朝廷には余程衝撃だったに違いない。だが結局、出羽に戻された陸奥兵は二百に過ぎなかった。逃散した兵のほとんどは陸奥に戻らず、また千八百もの兵を補う余裕が陸奥にはもうなかったのである。

（二）膠着する戦線

a　藤原保則来着

七月十日条。

出羽権守となった藤原保則の最初の奏言である。前述したように保則が京を発ったのは五月末と思われるから、出羽国府に着いたのは六月半ば前後で、暫く状況把握に努め、いくつかの手を打ってから、六月二十八日にこの奏状を送っている。これ以降国守藤原興世は正史の記述から姿を消し、奏言は総て保則から出されるようになる。

「藤原保則国に到り、向前の行事を察して行軍の籌策を運《めぐ》らす」

出羽国に着き、乱の経過を聞いて今後の方針を考えていると保則は書き出す。この奏言も長い。段落を区切って検討してみよう。

「文室有房、清原令望、上野《こうずけ》押領使権大掾南淵秋郷《みなみぶちのあきさと》らを遣りて上野国の見到の兵六百余を率いて秋田河の南に屯し、賊を河の北に拒がしむ」

「見到」は「現到」で、保則来着と同じ頃、漸く上野の兵がやって来た。だが朝廷が命じた千人ではなく六百人余にすぎない。この六百余の兵は、秋田河(雄物川)の南に置かれたとある。これは秋田の営とは別の場所である。保則は秋田の営で事が起きたときは、きちんとそう記しているから、これはおそらく秋田城の対岸で、蜂起軍が渡河して国府に向けて南下するのを警戒した措置であろう。

「又秋田城下の賊地は上津野《かづの》、火内《ひない》、榲淵《すぎぶち》、野代《のしろ》、河北、腋本《わきもと》、方口、大河、堤、姉刀《あねと》、方上、焼

岡の十二村なり。化に向《おも》むきし俘地は添河、覇別、助川の三村なり。此の三村の俘囚并《なら》びに良民三百余人をして賊を添河に拒《ふせ》がしむ」

保則は蜂起した蝦夷の村を把握した。上津野は鹿角、火内は大館の比内、榲淵は北秋田市鷹巣、野代は能代で、ここまでは米代川の上流から河口までの村が記されている。次の河北は、米代川南の琴丘町に比定する説が多いようだが、腋本以降の村が男鹿半島から八郎潟を一周するように記述されているのを見ると、ここに入るのは不自然で、河北が琴丘なら方口と大河の間に入るべきところだ。十二村の並びからすると、河北は野代の近くで八郎潟周辺ではないということになるから、村名から考えれば、能代から見て米代川の対岸にあたる東雲《しののめ》台地の遺跡群の辺りではないかと思う。

河北の次には、八郎潟周辺の村が記されている。腋本は男鹿半島の脇本、方口は八郎潟北側の八竜町大口付近、大河は五城目の馬場目川下流域。堤と姉刀は判然としないが、堤は井川町の坂本堤辺り、姉刀は地理的には飯田川辺りだとは思われる。飯田川近くの妹川は姉刀と何か関連した地名かもしれない。方上は潟上市昭和町付近で、焼岡は秋田市金足の高岡であろう。

保則の十二村の記述は、米代川流域の村は上流から下流へ、河北を別枠として他の七村は男鹿半島南端から八郎潟を時計回りに一周するように書かれている。

この十二村は総て村であって、律令制の郷ではない。蝦夷もしくは俘囚の村ということになるが、蝦夷の村であっても秋田城を通じて出羽国府と朝貢関係（実質的な交易）にはあった筈だ。保則が十二村を「秋田城下」と書いており、これは蝦夷も含めて秋田城が所管する地域の意だから、支配権の有無に拘わらず、十二村との折衝は秋田城が行なっていたということだろう。

一方、朝廷に付き「化に向むきし三村（向化三村）」と記された添河・覇別・助川の所在地は、既述したように旭川・太平川・岩見川流域で秋田平野東側の外縁部とされている。しかしこれには異説があって、田牧久穂氏は「元慶の乱・私記」で、秋田の営の場所も含めて全く違った説を主張している。

田牧氏は十世紀前半の延喜式が、それまで一度も正史に載らなかった副川《そえかわ》神社・波宇志別《はうしわけ》神社・塩湯彦神社を神名帳に載せ、所謂式内社としたことに着目し、それは朝廷に味方した功績によって、三村の神を引き上げたからだと考えた。

副川神社は玉川が雄物川に合流する仙北郡神宮寺嶽、波宇志別神社は平鹿郡大森町の保呂波山、塩湯彦神社は同じく平鹿郡山内村御嶽山にある。ソエカワは秋田の添河だけでなくここにもあり、覇別は一般にハベツと読まれるが、氏はこれをハワケとすべきとし、ハウシワケにはその音が含まれているとする。そして助川は鮭川の転化で玉川のこととして助川村は玉川近くと推定した。

氏は三村が秋田平野にあるなら、蜂起した民衆に攻められない筈はないと言い、この奏言の続きに「次に雄勝を攻め、後に将に府を侵さんとす」とあるのは、民衆が秋田平野を出て南下し、雄勝城と国府を囲んだのだと考えた。そのため秋田の営は秋田平野近辺ではなく、雄物川中流域の東で玉川の南になる払田柵だとし、蜂起軍の要求する「秋田河以北を己が地と為さん」の秋田河以北とは玉川以北の意味であるとする。

この式内社に着目した田牧氏の説は実に興味深いものだが、結論から言うとやはりこの説は採れない。

氏の説では蜂起した民が平野から南下したかどうかの判断が重要になるが、それは奏言の続きで述べるとして、それ以前に問題となるところがある。

営《たむろ》は小規模か、もしくは仮の施設を指す単語である筈だが、払田柵は横手盆地一帯、山本郡・平鹿郡を統括する位置にある恒久的で大規模な城柵である。しかもその所在地は秋田ではない。官軍がここを拠点としたなら秋田の営とは呼ばずに、払田柵の本来の柵名が載せられていただろう。

また添河と覇別河の比定の問題もある。この両川は元慶の乱の前にも文献に現われ、その記述からするとこの両川は秋田平野内にあるとしか思えない。それは四天王寺が倒壊した天長の大地震の時のことで、城郭・官舎・四天王寺の倒壊などに触れたあと、日本逸史は次のように言う。


「又城辺の大河。秋田河と云う。その水涸れ尽くし、流れ細く溝の如し。……吏民騒動して未だ尋ね見るに熟さず。添河、覇別河の両岸各崩れ塞ぎ、その水汎溢す。……震動一時に七、八度。風雪相并《あいともな》いて今まで止まず。後害知り難く、官舎雪に埋もれて弁録する能わず」


この大地震のとき「吏民騒動して未だ尋ね見るに熟さず」、官吏も民衆も動揺して、とても訪ね歩いて被害状況を確認するどころではなく、「風雪相并《あいともな》いて今まで止まず。後害知りがたく……弁録する能わず」、風雪が止まないので後の被害を知ることもできず、記録することもできないとある。

つまりこの時、秋田城の官吏はとても広域の調査などはできず、報告できたのは、自分たちの目で確認できたことだけということになる。彼らが知り得たのは秋田平野の状況がせいぜいであって、七十キロ近く離れた玉川以南の川の状況などが分かる筈はないと思われる。

この記述からすれば、添河と覇別河は、やはり平野の内を流れていると考えざるを得ず、それが田牧氏の説を否定する最大の根拠である。

ここで問題とされた向化三村と言われる俘囚の村は、蜂起に参加せず、国府に拠った。その理由を奏言から導き出すのは無理だが、彼らの心情を推し量ることはできる。

地図を頭に描いていただきたい。秋田平野を基準にすると、蜂起した十二村は総て平野の北にあり、主要な道は平野の北西部から八郎潟に向かっている。平野部には柵戸とされた百姓の郷が並び、三村は平野が切れる東の山根か川沿いの山間部にある。平野部の百姓の郷が、この両地域を分断している格好である。

この分布からすると、三村の俘囚は柵戸が入ったために平野の土地を奪われ、東の山間に移らざるを得なかった人たちだと思われるが、後にはそこにも百姓が進出し、乱の頃は雑居の村となっていた。この奏言に「此の三村の俘囚并びに良民」とあるのは、三村が民夷雑居であることを示している。

国府の手は十二村には直に届いていないが、良民がいるところから三村には当然及んでいた。添河(旭川)の中流域にある古城廻窯跡では、平安初期に秋田城の瓦を焼いているから、百姓だけでなく陶工なども入り込み、律令制の網はしっかりと被せられていたのであろう。

彼らは十二村の仲間には入れず、秋田城の支配を露骨に受けて生計を立てねばならなかった。そのような構造が長く固定されれば、三村が十二村とは別の共同体を作ったであろうことは容易に想像できる。

三村の俘囚は蜂起軍はいずれ敗れると踏んだ。そんな蜂起に加われば、後に国府から報復されるのは目に見えている。それならば国府に味方して恩を売っておきたい。いずれ官軍が勝つのなら、不利なときに味方に付いた方が覚えは良くなる筈、と考えたのではないか。そして彼らは助力を申し出た。

保則にとって、この三村が味方に付いたのは実に有難いことだっただろう。六百の上野軍は雄物川の南に回している。秋田の営の国府軍には器仗がなく、薄ら寒い状況である。添河（旭川）の東に三百の部隊がいれば、蜂起軍をいくらかは牽制できる。またそれだけでなく、秋田郡俘囚が味方に付いたこと自体に保則は安堵したに違いない。

ただこの布陣は、蜂起軍が平野を制圧しても川は越えなかったからできたことだ。保則にすれば、賊徒が南下を始めたら対抗する手段がなく、はらはらしていたであろう。この時、保則はまだ蜂起した民の真意を掴めていなかったのである。

「次ぎに雄勝を攻め、後に将に府を侵さんとす。それ雄勝城は十道を承くる大衝なり。国の要害尤も此の地にあり。仍《よ》りて藤原滋実、茨田貞額らを遣り、雄勝、平鹿、山本三郡の不動穀を以て、郡内及び添河、覇別、助川の三村の俘囚に給い、その心を慰喩して相励まして勉めせしむ」

この冒頭の文章は、現に起こっていることではない。主語がないが、無論「賊徒は」を省略したものので、保則は秋田平野を押さえた賊徒が「次に」雄勝を攻め、ひいては国府にまで侵攻するのではないかと憂慮したのだ。

保則が恐れたのは、蜂起軍の南下に伴って、雄勝など三郡の俘囚が同調し、勢力が拡大することだった。三郡の俘囚を懐柔する必要に迫られた保則が打った手が、この振給である。

温情家と謂われる保則も、ここでは百姓を切り捨てている。彼にとって警戒すべきは叛乱に同調する俘囚の増加であって、百姓は眼中になかったということだろう。その理由を、雄勝城は十道の要衝で国にとって大事な地、「仍りて」振給を行なったと述べている。これは雄勝城を奪われないためであるとしか読めない。つまり蜂起軍はまだ雄勝城には向かっていないということである。

従って田牧氏が言われる蜂起軍の南下は否定しなければならない。国府や雄勝城と言わず、山本郡に蜂起軍が侵攻しただけでも振給はできない筈だからだ。

「是に於いて俘囚深江弥加止《みかど》、玉作正月麿《たまつくりのむつきまろ》ら、三村の俘囚二百余人を誘率し、夜襲して賊八十人を殺し、その糧食、舎宅を焼く。恩賚《おんらい》に感ぜしなり」

弥加止は別の奏言では三門と書かれ、正月麿の麿も後には丸と記載されている。この字体の違いは、聴き取った音に当て字した結果起きた不統一と考えられる。特にマロとマルは聞き取りにくかったのだろう。

三村の俘囚長のうち、ここには二人の名が載るが、翌年一月には、この二人に大辟《おおさけ》法天を加えた三人が外従五位下に授位されているから、これら三名が向化三村の長だと考えられる。

この三人の長は、振給を受けると即座に動き出した。二百の兵は俘囚のみの編成とあるから、俘囚百姓の混成軍三百は俘囚が二百、百姓は百ということになる。

だがこの夜襲の成果は些か怪しい。舎宅を焼くとあるから、これは村を襲ったということだが、添河から十二村まではかなり距離がある。このとき平野部は蜂起軍に押さえられていたから、わずか二百の兵で平野に突出すれば、乱の始めに小野春泉や文室有房が被ったような惨敗を喫するのは目に見えている。

では彼らは山越えで十二村の一つを襲ったのだろうか。確かに旭川から大滝山を越えれば道川の谷間に出て槻ノ木の丘の北側に廻ることができる。だがその谷を抜けてから最も近い焼岡村まででもまだ六キロある。しかも秋田平野に一番近いこの村は、蜂起軍の前線基地だった可能性が高く、当然千や二千の兵はいたであろう。いくら夜襲とはいえ、五倍十倍の敵と戦って八十人も殺戮する時間的余裕があるだろうか。いやおそらく無理ではないか。

一つ考えられるのは、逃散した百姓の仮小屋を襲ったのではないかということだ。逃げ込んだ百姓によって蝦夷の村の人口は突然二倍近くに膨張した。当然百姓は空いた土地に仮小屋を作って住み、それらの家々が点在していた筈である。三村の俘囚は大滝山を越えて道川に出、焼岡より大分手前の小泉の丘か下新庄の辺りで仮小屋を襲ったのではないか。百姓には武器はなく、反撃される恐れも少ないから、襲う側からすれば安全である。

だが、とは言っても報告されたほどの人数は殺せまい。家を焼いているなら物見に火の手を見られる。攻撃は短時間だった筈で、この乱で死亡した九十九人の百姓数からすると八十人は多すぎ、殺傷数はせいぜい一桁であろう。彼らは過大な報告をして、国府に存在感を示したかったのではなかろうか。

「或るいは云う。津軽の地の夷狄或いは同《どう》じ或いは同ぜずと。若し同ぜずば上野国の軍を以て将に討滅するを得ん。遂に同ぜば大兵と雖も輙《すなわ》ち制すべきこと難し。

上野、下野、陸奥三国の軍士惣《すべ》て四千人。その陸奥の軍は先に既に亡《に》げ帰り、上野の軍の且つ来るは六百余人。下野の軍は境首《さかい》に入ると雖も未だ強弱を知らず。

津軽の夷俘は、その党種多くして幾千人なるを知らず。天性勇壮にして常に習戦を事とす。若し逆賊に速《まぬ》かるればその鋒当たり難し。請わくは常陸武蔵両国の軍、合わせて二千人を発して以て非常に誡備《そな》えん」

ここで突然津軽蝦夷の動向が取り沙汰され、かなり奇妙な感を受ける。津軽の蝦夷は叛乱に同心するか、それとも同心しないだろうか、と言い、彼らが叛乱に加わらなければ上野の兵で討滅することができるだろう。しかし彼らが叛乱に荷担すれば大兵を持ってしても鎮圧は難しい、と言う。

ここで深刻に津軽の動向が取り沙汰されるのは何故だろうか。例えば、八七五年（貞観十七）に渡嶋蝦夷が八十艘の船団を連ねて出羽を襲ったことが想起され、その記憶があるだけに出羽国府が北の蝦夷の襲来を恐れる気持は分かる。しかしここには渡嶋蝦夷の記載がなく、警戒されているのは津軽蝦夷だけである。従ってこれは、津軽蝦夷を想定せざるを得ない事態が発生していたからだと考えられる。

そこで思い当たるのが五千の官軍が潰滅したときの「時に賊徒千余人、軽舸に乗り流れに従いて俄に至る」という保則伝の記述だ。これが事実であり、千余人の賊徒が津軽蝦夷であったとすればどうであろう。

津軽には十三湖という海運の拠点があり、陸奥出羽の蝦夷が弓馬戦に長けていたと同様、津軽蝦夷は海戦に優れていた。津軽蝦夷のなかに蜂起軍に味方する者がいたのは確実で、それは翌年一月に津軽と渡嶋蝦夷を饗応した際、津軽蝦夷については「津軽俘囚の賊に連ねざる者百余人」とあることから知れる。蜂起軍に加わらなかった津軽蝦夷を饗応したということは、蜂起軍に加担した津軽蝦夷もいたということである。

秋田城襲撃に加担した津軽蝦夷は、秋田城の上流に船団を待機させ、秋田河川辺に敗走した官軍を襲ったのであろう。それによって官軍が大壊したとすれば、保則が津軽蝦夷を脅威に思うのは当然である。

保則は津軽蝦夷が蜂起軍に付かなければ賊徒を討つことができると言っているが、官軍が逼塞したこの状態で本当にそう確信していたとは思えず、そこに津軽蝦夷が加われば「その鋒当たり難し」となるのは本音だろう。

保則の手元には六百の上野兵しかなく、下野の兵は国境を越えたばかりでまだ到着していない。それに対して津軽蝦夷は数千に達すると保則は聞いた。彼らが蜂起軍に加われば、下野の兵を勘定に入れても心許なかったに違いない。

蜂起軍はいつ南下するか分からず、事は急を要した。それに津軽蝦夷が加われば、官軍は壊滅し、国府すら守れまい。彼が求めた常陸と武蔵の兵二千は、切羽詰まった状態から発した緊急の要請である。だが摂政基経は、この要請を省みない決定を下す。

この奏言に対する勅符では、まず保則への賛辞が述べられる。それまでの藤原興世の奏言が腹立たしかったのに比べ、保則が初めて効果的な対策を打ち出したことを、手放しで喜んでいる様が浮かんでくる。

「賊中の消息、委曲具《つぶさ》に至れり。その事実を指すや見知すべきに足る」、叛徒の内情が知れ、事実が把握できたと称賛し、「それ夷狄を以て夷狄を攻めるは中国の利なり」と蝦夷同士で戦わせるのは中国(律令の及ぶ朝廷支配地)の兵を消耗しないだけ得策であるとして、俘囚に米穀を与えて賊徒を破ったことを称賛している。

だが保則が要請した援兵の派遣は認めず、勅符には「同否未だ審らかならず。若し果たして同ぜずば、率いる所の見兵《げんぺい》、摧破するを得べし。しかのみならず、小野春風、坂上好蔭ら各精兵を領し、行きて当に到著すべし。宜しく待ちて共に征し、その威武を振るうべし」とあった。

まだ従うか叛するかも分からないではないか。もし津軽蝦夷が賊徒に加わらないなら今の兵力で討つことができよう。それだけでなく、春風、好蔭の兵もじきに到着する。共に征せよ。

保則が現状の兵は六百しかないと訴えたのに、勅符による回答はこんなものだった。しかも加えて、予め諸国に勇士を選ばせているから「危急あらば馳伝して上奏し、随いて即ち差発せば、赴救晩きに非ず」と寝言のようなことを言う。

この諸国の勇士なるものは六月二十一日に東海道・東山道諸国に命じたもので、伊勢二十人、三河二十人、遠江十人、駿河三十人、甲斐二十人、相模二十人、武蔵三十人、下総三十人、常陸五十人、美濃三十人、信濃三十人の計二百九十人にすぎない。広域の兵が一度にまとめられるわけはなく、万一それができたとしても、こんな少数の兵で津軽蝦夷に対抗できる筈もない。摂政基経の現状認識はお粗末極まりないものである。

こんなことを知らされても保則が安心できなかったのは当然で、この後保則は独自の判断で行動せざるを得なくなっていく。彼は津軽蝦夷を味方に付けるべく精力を傾けるが、このあたりから摂政藤原基経との温度差が次第に広がっていくことになる。

b　春風と好蔭、上津野に向かう

八月四日条。

「出羽国飛駅して奏言。（史欠く）」

この奏言は残っていないと正史は言う。あるのは奏言に応える勅符だけである。

「重ねて来奏を省みるに曲折これ具《そなわ》れり。事に奇正を用いるは兵家の貴ぶ所。今俘虜を募りて多く醜類を殲《つく》す。是れ夷人義を慕うの至り切なりと雖も、抑もまた国宰梅駅の方を得たり。臨機の略、実に当に此の如くなるべし。その能仁、法天らの忠誠頻りに著しきは聞きて之を嘉《よみ》せり」

勅符は国府に従って賊徒を討ったという俘囚と、俘囚を使った保則を褒めそやす。朝廷にとって蝦夷は二種類しかない、従えば「義を慕う（者）」、反抗すれば「醜類」である。

法天とあるのは、先に挙げた向化三村の長の一人、大辟法天。能仁は元慶五年になって外従五位下に叙位された秦能仁であろう。この人は「前出羽弩師」とあるから元慶の乱に弩（大型の石弓）の射手として参陣したと思われるが、私物の米穀を軍糧として提供したことによって叙位されている。

秦能仁が嘉されたのは私穀の提供によってだが、大辟法天の方は「多くの醜類を殲」したことによるのだろう。だがわずか二百の兵の戦果が大きなものだと思えないのは、先に述べたとおりで、ここでも誇張した報告がなされていたのではないかと思う。

勅符は続けて、

「且つ春風好蔭ら陸奥路を取りて上津野の村に入り、両国の兵と首尾来攻すと。今来奏の如くは已に要略を得たり。兵術多しと雖も勝ちを制するを先と為す。左之右之《かもかくも》、宜しきに随いて賊を禽《とりこ》にし、その巣窟を窮めて捕脱せしめること勿れ。凡そその勲賞は後に勅あるべし」と述べる。

欠史となった奏言には、春風・好蔭の軍が胆沢から北上して米代川上流の上津野（鹿角）に向かったと記されていたのだろう。朝廷は彼ら陸奥軍と出羽上野両軍とで賊の巣窟を挟撃し、一人も逃がすなと言う。

朝廷は向化三村の戦勝報告と春風らの北進の報に有頂天となり、後の褒賞まで約束している。制圧は時間の問題だと思ったのか、まるで浮かれたような文章である。

だがその実態はどうであろう。小野春風たちの兵は合わせて千、出羽にいる兵は上野の六百と添河など三村の俘囚二百のみ。合計千八百で、次項で述べる下野の兵八百が来着し、上野が二百を増派していたとしても二千八百である。出羽の百姓兵には武器がなく、これは戦力にはならない。

この陣容で、挟撃策が実行できると思ったのなら、基経は蝦夷をみくびっているか、現状を認識する能力に欠けているかのどちらかであろう。

この乱は偶発的な暴動ではなく、十二村を挙げての組織的な蜂起で、少なくともこの段階では状況は予断を許さないものだった筈である。

(三) 情勢動く

九月四日条。
「出羽国司飛駅して奏言(史欠く)
この奏言もまた欠史とされ残っていない。正史に載るのは翌五日の勅符だけだが、二通の奏状を紛失するなど普通あり得ることではない。

その真相はどうあれ、元慶の乱はこの勅符を境に急速に様相を変える。最も大きいのは津軽と渡嶋の蝦夷の懐柔に保則が成功し、蜂起軍が平野から退かざるを得なくなったことである。また一方、基経と保則、それに春風・好蔭の三者の思惑の違いがはっきりしだすのもここからで、状況は錯綜した様相を呈していく。

特に重要かつ不可思議なのが春風と好蔭の動きであろう。この二人は全く独断で行動しているとしか思えないが、結局この二人と津軽渡嶋蝦夷の動向によって、乱は終息に向かって動き出すことになる。


九月五日条。勅符。


「八月廿三日の奏状を得て具に消息を知れり。初め春風らを遣り精兵を発せし所以《ゆえん》は、彼の国の急に赴かんが為なり。而るに今来奏に以《い》為えらく『賊気已に衰え官軍旧を思う。之に重ねて軍を迎え粮を運ぶは、煩いを為すこと細《すくな》からず』と。これによりて之を論ずるに、春風らの前《すす》むと却くとは彼の国の強弱に在るのみ。勢いを量りて計を施す。遙かにして度《はか》ることを得ず。若し当国の力、以て賊を制するに足らば移るを告げて之を返し、必ずしも迎引すべからず。

且つ津軽渡嶋の俘囚らが請える所の事、夷を以て夷を撃つは古の上計。但し野心は馴れ難く、動静は変じ易し。たまたま他意を生ぜば後恐らくは制し難からん。宜しく事勢を量り、便に随いて進止すべし。

狄俘を饗会するに至りては事の急なるものに非ざるなり。若しいよいよ賊徒を尽くして労賜するも晩《おそ》からず。今城を挙げて焼亡し会衆する処なけん。但《ただ》有功者を抜きて、その賞賜を加えば、以て戎士を勧励するに足らん。何ぞ必ずしも大饗して更に騒動を致さんや。

且つその殺獲生禽、頗る賊を破れるを知る。いよいよ以て勉励し速やかに大功を成せ。州書頻りに奏し駅使しばしば馳す。務めて寇を平らぐの策を施し、歳月を延引することなかれ」

奏言がないので細かいことが伝わらないが、ここには重要なことが述べられている。まず保則が春風や好蔭の軍を不要だとしたこと。これには太政官が面くらっているような印象を受ける。「遙かにして計ることを得ず」、出羽は遠すぎて京にいては状況を把握することができないと述べて、保則の判断への戸惑いを見せる。また出羽が危急の事態と言ってきたから差し向けたのにという気分を交えながら、要らないというなら敢えて両軍を迎え入れなくともよいと返答している。

朝廷からすれば、これは心外な申し出でだったたに違いない。基経たちは春風好蔭の挟撃策が保則の戦略だと思っていたところへ、突然このような奏言が来たのだから、途惑うのも無理はない。勅符の最後にある「州書頻りに奏し駅使しばしば馳す」の文面は、駅使が何度も駆け込んで如何にも迷惑だと言わんばかりである。朝廷はかつて藤原興世に対して、「今上《たてまつ》る所の奏状、極めて省略を為す」と苦言を呈して、「必ず事の巨細なく委曲を記録して知見せしむべし」と命じたことを忘れてしまったようだ。よかれと思って発した軍を不要とされたことへの厭味とも取れる、的外れな指摘である。

さて先の八月四日の勅符では、春風と好蔭がすでに上津野に向かって出発したと述べられていた。

それからおよそひと月が経っているから、軍を返させるには遅すぎる時期である。であるのに何故保則はそんなことを言い出したのだろうか。

翌年の元慶三年三月の奏言で、保則は乱の経過を概括しているが、この件のところに「臣ら因って議する所あり。春風らは鎮守府を擁して後告を待ち、機に応ずべき状を権掾小野春泉を馳せて春風らに告ぐ。春泉未だ鎮守府に達せざる間に、去年九月十五日好蔭流霞道より来たり、廿五日春風上津野より来たる」とある。

案の定、遅すぎたのである。にもかかわらず保則は春風らの撤収を太政官に上奏した。その理由を保則は「賊気已に衰え、官軍旧を思う」という状況になったからだと言っているが、この変化は「且つ津軽渡嶋の俘囚らが請える所の事」以下の文面に表わされる津軽渡嶋蝦夷の動向がもたらしたものであろうことは、ほぼ間違いない。

七月十日の条に保則が津軽蝦夷を気にしていることが述べられていた。それから二ヶ月たって、保則は津軽や渡嶋蝦夷の取り込みに成功したのである。だが津軽はその総てを懐柔できた訳ではなく、年明け一月の饗応の記述には「津軽俘囚の賊に連ならざる者百余人」とあるから、津軽の首長のうち百余の者が味方に付いた。裏返せばまだ蜂起軍に付く津軽蝦夷もいたことになるが、それでも保則には大戦果だったに違いない。

翌年三月の奏言によれば、この直前に保則の手元にあった兵は千八百でしかない。下野の兵が漸く来着したが、その数は命じられた千に満たない八百。上野は下野に合わせるように二百の兵を増派して、これも八百。命によって陸奥から戻された兵は二千どころかわずか二百で計千八百である。

この奏言のなかで保則は、千八百の兵で「奥賊の士卒を撃破し、且つ近城の反虜を討ち平げり」と言っているが、これは疑わしい。この三月の奏言を読む限り、保則は奥地の状況を春風や好陰に頼っており、直属の兵から報告を受けた形跡がない。保則の兵ができたのは平野部での小戦闘がせいぜいで、焼岡村以北に攻め入るのは不可能な話だっただろう。

そのような逼塞状態の元、保則は春風好蔭の軍に現状打破を期待した。いやそれしか打開策がなかったと言ってもいい。それ故に保則は彼らの上津野入りを許可した。これは保則の命と言うより春風の提案を承諾したとする方が当たっていよう。

だがその後、津軽渡嶋の蝦夷が味方に付き、しかも蜂起軍を攻撃して戦果を挙げた。「その殺獲生禽、頗る賊を破れるを知る」という文言は、官軍ではなく津軽や渡嶋蝦夷による蜂起軍への攻撃の成果である。それは朝廷が津軽渡嶋蝦夷への大饗を否定しながらも「有功者を抜きて」褒賞を与えようとしたことから推察することができる。

津軽蝦夷らの攻撃は、おそらく野代（能代）に対して行なわれ、それによって秋田の営を抑えていた蜂起軍は十二村の防禦に廻って平野から退いたのだろう。保則はこの後秋田城修復に取りかかるが、それは蜂起軍が退かなければできないことだからだ。

保則が春風と好蔭の軍を返させようとして小野春泉を陸奥に向かわせたのは、蜂起軍が去り、秋田城修復の目途が立ったからでもあるが、理由はそれだけではあるまい。

翌年三月の奏言には「臣等城下を定めし後、殊に方略を廻らして此《ここ》に隣兵を待ち城柵を作為す。軍士休むを得て国内慮《うれ》いなし」とあるが、ここではまだ「隣兵を待ち」とあるから、保則は春風好蔭の軍の到来を待っていた。彼が心変わりしたのは、この少し後のことである。

つまりこのような事態の変化が起こったのが、春風らが出発したひと月後のことだったと考えられる。蜂起軍に味方する津軽蝦夷よりも、国府に付く津軽や渡嶋蝦夷が増えたことにより、保則は上津野へ向かった春風や好蔭の動静が気がかりになった。

保則には逃散した百姓を秋田郡に戻すという課題があるが、逃げた百姓は奥地の蝦夷の元にいる。春風と好蔭が上津野に攻め入れば、百姓を戦禍に巻き込むことになって、百姓の数を減らすことにも繋がる。保則はそれを懸念したのではないか。

津軽や渡嶋の蝦夷が国府に付いた以上、叛徒の勢いは衰えるだろう。保則はまだ武力による制圧を捨てたわけではないが、ここは少し様子を見、折衝によって叛徒を懐柔する道を残しておこうと考えた。それが「春風らは鎮守府を擁して後告を待ち、機に応ずべき」という判断になったのだと思われる。

従って「粮を運ぶは煩い」という理由は、おそらくこじつけである。春風・好蔭の兵は陸奥の兵であって出羽のそれではない。しかも戦場は蝦夷十二村を通過しなければ到達できない米代川上流の上津野であり、どだい陸奥に頼るしか補給の方法はない。これは武力制圧を念頭に置く摂政基経を納得させるための方便であろう。

津軽や渡嶋の蝦夷の動向がはっきりせず、秋田城で五千の兵が潰滅したときに津軽蝦夷が参戦していた可能性があると知った時点では、保則の兵力は極めて少なく、乱の平定は春風たちに期待するしかなかった。しかし津軽渡嶋の蝦夷が味方に付いた今は、春風らに頼らなくとも乱を収め百姓を戻すことができる。保則はそう考えたのではないか。

だとすると保則は春風の意図を見誤っていたことになる。春風と好蔭が秋田の営に来着したときに明らかになるが、春風らには最初から戦を仕掛ける気がなかったからである。しかし保則は、彼らが戦いに行くとしか思わなかった。ここには明らかに官軍側の意志の不統一がみられる。

保則は翌年三月の奏言で、「臣等初め謂《おも》えらく。賜りし兵を以て春風らと表裏勢いを合わせ、日を刻《さだ》めて討ち平らげんと」と述べている。春風たちが上津野に入るのは、戦闘のためだと信じて疑わず、それをそのまま太政官に上奏したのであろう。「春風好蔭ら陸奥路を取りて上津野の村に入り、両国の兵と首尾来攻すと」という八月の勅符は、保則の奏言を再掲したものに他ならない。

この齟齬は保則のせいではなく、春風らが自らの意図を秘匿したために生じている。おそらく春風は、蜂起軍と折衝するとは言わずに、上津野に向かうとだけ保則に告げて陸奥を発った。保則は「日を定めて討平」するつもりでいたが、その後春風・好蔭からの連絡は途絶え、二人の消息すら知れなくなる。秋田の営に着いてから春風が行なった釈明は次項の十月十二日条で述べるが、これは真意をはぐらかしているとしか思えない。

さてこの勅符の続きに、少し理解が難しいことが書かれている。「津軽渡嶋の俘囚らが請える事」の内容である。これは次に「夷を以て夷を撃つは古の上計なり（服属した蝦夷を叛徒の蝦夷に当てて戦わせるのは古来からの上策）」と述べられていることから考えると、津軽渡嶋蝦夷が更に軍を送ると申し入れ、それを「請い」という形で表現したものと取れる。

朝廷はこれには及び腰で「他意を生ぜば、後恐らくは制し難からん」と言い、統制しづらい大軍を呼び入れて蝦夷たちが考えを変えれば、却って危険だと危惧した。その後、津軽渡嶋蝦夷による攻撃の記載はないから、保則は命に従い津軽蝦夷らの派兵の申し出を断ったのであろう。
しかし彼らの「請い」はもう一つあった。

津軽や渡嶋蝦夷への大饗。これも戦闘への参加と並ぶ彼らの「請い」である。それに対して朝廷は、大饗は不要で功のあった者だけに賞を与えればよいと言う。

朝廷は乏しい備蓄米から大盤振る舞いをするべきではないと考えた。保則は翌年三月の奏言で、城の修復に使った上野下野の下兵をみな帰したと言っているが、これは兵粮が乏しかったからだろうし、朝廷もそれを察して八月四日に越中越後両国に各々一千石の米を出羽に送るよう命じている。日数を考えれば、この米が届くのは、まだ先のことだろう。

しかし保則は困ったと思う。津軽渡嶋蝦夷の蜂起軍への攻撃は、保則が大饗を約束して懇望したものだろうからだ。勅に「有効者」とあるように、味方した蝦夷には功を挙げた者が既に出ている。それに報いる大饗だからやらない訳にはいかない。

かつて渡嶋蝦夷は冬の日本海を渡って出羽を攻撃したが、それは国府が布の支給を渋った為だと考えられる。それと同様に、ここで約束を違えれば彼らは一転して国府に敵対するだろうことは火を見るより明らかだ。従ってこの大饗を実行しなければ状況が逆転する恐れが充分にあった。

だが太政官は大饗を「騒動」と言う。これは摂政基経の意向であろうが、現地にいる保則にすれば、今までの工作を台無しにする決定で、「騒動」で片付けられるような些末な問題ではなかった。

そして保則は、この大饗についての勅符を無視する行動にでる。基経の意向に反しても饗応しようと決めたのである。

城柵修理が終わった後、渡嶋の首長百三人と引き連れた蝦夷三千人、それに津軽蝦夷で国府に付いた者百人余に大饗を行なった。その報告は年明けの一月に「若し労賜せずば恐らくは怨恨を生ぜん」として饗応した旨を報告しているが、どれほどの食料を費やしたかは述べなかった。諸郡の俘囚への振給も含めて漸く内容が報告されるのは、遙か後の八八一年（元慶五）八月の直前、保則が出羽から京へ戻る間際である。要した米穀は不動穀二千二百三十七石五斗と膨大な量で、「先に言上せざりしは責め牧宰にあり」と独断で行なったことを認めている。

今更それを否定することもできずに朝廷はこれを許したが、摂政基経は面子を潰されたも同然で、定めし腹を立てたことだろう。乱の後、基経が保則を冷遇するのは、このことを始めとして、基経の意図に従わない保則への意趣返しだったような気がする。

（四）乱、終息に向かう

十月十二日条。出羽国の奏言。

「秋田の営、申牒して称《もう》す。『八月廿九日、逆賊三百余人城下に来たり。官人に見《まみ》えて特に降を乞うを得んと願う。文室有房、藤原滋実の二人、単騎直ちに賊の所に到る。賊先ず心憂を申し、次いで降を乞う。有房ら明詔を被らずと雖も、予めその降を聴《ゆる》す。

この日、坂上好蔭兵二千人を率い流霞路《ながれかすみち》より秋田の営に至る。賊の降を乞うの日、好蔭鼓躁して来たり、盛んに旗幟を建て亦賊虜を威す』と。之を当時に論ずるに、遠略あるに似たり。

又小野春風、九月廿五日に軍四百七十人を率いて秋田の営以北に来着す。即ち言いて曰く『春風重ねて詔を含み、先ず上津野に入りて賊類を教喩し、皆降服せしむ。賊首七人相従いて同じく来たる』と。去る八月より賊降るの状相続きて絶えず、野心量り難く抑えて許さず。今春風自ら賊地に入りてその降書を取り、亦その酋豪を随いて共に来たる。此を以て之を見るに降心あるを知る。

但し義従の俘囚ら申して云う『国家に従い奉らば賊の怨む所とならん。若し殄滅《てんめつ》せずば後必ず相報ぜん。仇家種多し、何ぞ恐れざるを得んや』と。しかのみならず、降を乞う者、その体疎慢にして旧例に叶わず。

俘囚の陳《の》ぶる所、抑も道あり。春風の行なう所もまた虚しからず。臣ら裁く所を知らず。謹みて明詔を佇《ま》つ」


八月二十九日に三百人余の蝦夷が突然降伏してきた。国府の許可を得ずに取り敢えず降を入れたとあるが、これは文室有房の判断であろう。出羽守興世の息子である滋実は、後々まで降伏の受容に反対している。陸奥出羽育ちの有房と京育ちの滋実では蝦夷の心情への理解が違う。「蝦夷の野心馴れ難し」と思っている滋実は疑心が先に立ち、容易に信じなかったに違いなく、有房は滋実を説き伏せ、自分の責任で降を入れたのだろう。

だが保則は降伏を認めなかった。振給を伴って保則が働きかけた結果なら別だろうが、これは何もしないうちに降伏してきた蝦夷たちである。藤原滋実や清原令望と同様、保則もまた京の貴族で、降伏の裏に何かあるのではないかという猜疑心を抑えられず、蝦夷の言を鵜呑みにはできなかったのだろう。

この降伏の際、蝦夷は「先ず心憂を述べ」た。秋田城司良岑近の暴政を訴えたのである。翌年三月二日の奏言には、春風や好蔭の到着を待つ間に「賊徒愁状十余條を進り、怨叛の由を陳ぶ。詞旨深切にして甚だ理あり。則ち法禁を弛めてその冤枉を慰めき」とあり、それは三百余人の蝦夷が投降する前の話になっているが、これは違うような気がする。

投降前でも投降後でも、それは城柵の補修にかかれた八月のことで、時期はそう離れてはいない筈だが、法禁を弛めて慰めた、とは戦闘を控えて圧政での心労を慰めたという意味だろうから、これは一時的停戦を意味し、大量に投降した三百余人へこそ出されるべきものだ。ここにある「心憂を述べ」が、三月の奏言の「怨叛の由を陳ぶ」にあたると考えた方が筋が通ろう。

保則は同じ奏言のなかで、秋田に着いた春風の意見を聞いて、「春風の言に随いて暫く征伐を停む」と言っているが、停戦の指示はすでに出されているから、この記述も変である。

三月の奏言には、そのような記述の食い違いが他にも見られる。春風らの軍を不要とした九月四日条の奏言は八月二十三日に出羽を発しており、八月二十九日の蝦夷の投降の前であるのに、三月の奏言では投降の後とされていて、投降が原因であるように書かれている。三月の奏言は基経に戦闘の停止を呑ませるためのものだから、保則は基経に納得させるように作為を施したのかもしれない。

同じような時系列の違いは、好蔭が営に着いた日についても見られる。好蔭が来たのは、蝦夷の投降があった八月二十九日だとあるが、三月の奏言では九月十五日としている。どちらかが誤っていることになるが、春風の到着が九月二十五日だったことからすると、九月十五日が正しいような気がする。後に述べるが、春風と好蔭は事前に行動を打ち合わせて動いていたと思われるところがあり、八月二十九日では間が空き過ぎている。それを蝦夷投降の日に合わせたのは、好蔭の登場を劇的に見せるための作為だったのかもしれない。

と言うのは、「好蔭皷躁して来たり、盛んに旗幟を建て亦賊虜を威す」、皷を打って声を上げ、旗や幟を立てて投降した蝦夷を威嚇したと奏言は述べ、「之を当時に論ずるに、遠略あるに似たり」、これは好蔭の深い軍略から出たものだと称賛しているが、この文章自体が脚色されていると思われるからだ。

翌年三月の奏言ではこの時の状況を「去年九月十五日好蔭流霞道《ながれかすみち》より来たり、廿五日春風上津野より来たる。この時道路泥深く、風寒きこと粛烈。嶮路を経過して士卒疲労す」と述べられている。悪路を通り寒風を衝《つ》いてきた兵士は、皆疲労していたという。皷を打って旗幟を立て、勇ましく行進できるような状態とは全く違っている。好蔭や春風の行軍は尋常な状況ではなかったとする、こちらの記述の方が実相であると思う。

さて悪路を通ったという好蔭の行動を考えてみよう。好蔭が通ってきた流霞路は鹿角街道だとするのが定説化しているが、この道は往古には七時雨山《ななしぐれやま》の鞍部を通る険路だったと言われ、流霞山とは七時雨山のことだという。

これは盛岡を経て鹿角へ行く道だから、春風と共に上津野（鹿角）へ向かうときに通るのは当然だとしても、上津野から秋田に行くのにこの道を戻ったというのは、如何にも不自然である。

二人は明らかに上津野の手前で別行動を取るつもりでいた。であるのにまた鹿角街道を引き返すのでは、好蔭が上津野まで付いていく意味がない。胆沢からは雄勝を経て直接秋田に行く道があるからである。とすれば、好蔭には上津野の手前まで同行する理由があったということになる。

田牧氏は「元慶の乱・私記」で、上津野からの好蔭の行軍路を、八幡平の西から田沢湖を経たと推測している。これは田牧氏が他の道は叛乱した住民に押さえられていたと思慮されたことの他に、秋田の営を払田柵とされたことも考慮されてのことだろう。上津野から払田柵に行くにはこれが最短のルートでもあるからだ。

好蔭が鹿角街道を戻らず、また米代川も通らずに秋田に向かうとすれば、確かに八幡平を越えるか迂回するかして田沢湖に出、玉川を下るしかないと思うが、当時は道もなく、かなり過酷な進軍とならざるを得ない。だがおそらく好蔭は、田牧氏の言われるようなルートを撰び、八幡平を迂回するか越えるかして田沢湖に出たのだ。但し、その理由は田牧氏とは異なり、敗残兵の収拾のためであろうと思う。

秋田城で追い散らされた陸奥兵のうち、秋田に送り返された兵は二百しかおらず、残りの千八百人は逃亡したままだ。また乱の始めに野代に向かった兵のうち、残ったのは五十人で五百五十人は逃げ散っている。

春風は上津野村に入るに際して、好蔭に逃散した兵の収拾を依頼したのではないか。逃亡兵が山中で自活できるとすれば田沢湖周辺がもっとも可能性が高い。そこで好蔭は道無き道を進んで田沢湖に出、その道々に敗残の兵を収容した。好蔭が与えられた兵は五百だったが、秋田の営に現われたときは「兵二千人を率い」ていたから千五百人もの兵が増えている。消息を絶った好蔭の隊に新規の兵が補充される筈はないから、これは敗残兵以外には考えようがない。

山中で自活していた敗残兵を千五百も引き連れれば、好蔭が営に到着したとき、「士卒疲労す」と表現されたのも当然である。だがこの敗残兵たちは疲労しすぎていて、とても戦陣に置ける状態ではなく、各々の郷に帰されたのではないか。この後、好蔭が引き連れた千五百の兵が秋田の営に留まったという記述はない。

後に保則は秋田の奥地が険路であることを太政官に訴えているが、その情報は春風と好蔭によっていた。特に好蔭の体験談は真に迫っていたことだろう。また収容した兵の様子もそれを如実に物語ったに違いない。

これが春風の狙いだったのではないか。彼は京から来た国司たち、特に最高責任者である保則に出羽の奥地が如何に厳しいかを分からせようとし、そのために好蔭を敢えて険路に向かわせた。これは好蔭が春風の意図に同意しなければできないことで、二人は事前に意志の統一を行ない、行動設定をしていた筈である。

好蔭は上津野村の手前に留まり、上津野村への春風の工作が成功したのを見てから秋田へ向かったのだろう。さもなければ工作が失敗したとき対処の仕様がないからである。そして二人は時期を合わせるようにして秋田の営に来た。この間およそ一ヶ月に渡って二人の軍の消息が途絶えている。二人が伝令を出さなかったからである。

春風が最初から蜂起軍を恭順させるつもりだったことは、この奏言で「春風重ねて詔を含み、先ず上津野に入りて賊類を教喩し」と述べて、まず教諭せよという詔に従ったのだと言っていることや、この後に起こる国府内の論争から見ても明らかだろう。

だが、まず叛徒を教諭し、従わなければ討てと朝廷が言うのは、ほとんど常套句と化した建前で、それが摂政基経の本心とは限らない。春風は基経の真意を武力制圧と知りながら、その詔を理由として上げることで、保則の疑問をはぐらかし韜晦したように見える。

乱の当初こそ「犬羊の狂心暴悪を性と為す。追討を加えずんば何ぞ懲乂《ちょうがい》するあらんや」と言いながらも、一方で「抑《そもそ》も亦国宰も良ろしからず。宜しく慰撫の化を施し、以て風塵の乱れを遏《とど》むべし」と建前を付け加えていた朝廷も、戦況が思わしくなくなるにつれて征討一色になっていった。七月には春風や好蔭の兵を待って「共に征し、その威武を振るうべし」と言い、八月には「賊を禽《とりこ》にし、その巣窟を窮めて捕脱せしめること勿《なか》れ」と命じて、二度と慰撫の言葉は現われなくなる。

朝廷と国府には武力制圧の空気が充満している。それを春風は感じ、ここで和平工作を持ち出しても到底受け入れられないと判断したのではないか。それ故二人は意図を秘匿して、ただ上津野に向かうとだけ保則に告げた。和平工作を持ち出して拒否されれば、行動できなくなるからである。

そして春風はその工作に成功した。七人の首長を伴った春風は「先ず上津野村に入りて賊類を教諭し、皆降服せしむ」と報告するが、この部分の解釈を少し付け加える。

春風は賊類を「皆」投降させたと述べているから、これは十二村総ての意と取れるが、異論もある。

熊田亮介氏はこれを上津野村だけの投降とする。ここには上津野以外の村名がないからである。

しかしこれは、米代川の上流である上津野村に「先ず」入り、それから順次説得して、十二村を「皆」降伏させたと読むべきだろう。翌年三月の奏言には「春風の足、虜庭を歴て逆賊を降らしむ」とあって、春風は上津野に入ってから蝦夷の村々を経て秋田の営に来たと記されている。また降伏したのが一村だけならまだ戦闘は終わらず、保則が降伏を信じて乱収拾に動ける筈もない。

だがそれにしては伴った首長が七人だというのはどうしてだろう。十二村からすると首長が五人足らないと見えるが、これは蜂起軍の代表として七人が来、五人の首長は十二村を統括するために残ったとするのが最も自然である。しかしもしくは、十二の村に各々首長がいるとは限らないとも考えられる。

後に述べるが大河村は歴史が古い。古い村は人口の増加と共に分村を作ることがあるから、大河に近い堤や姉刀の村は大河の分村で大河の首長の支配下にあったのかもしれず、米代川下流の対岸だと推定した河北は野代の分村であるかもしれない。そのようにして十二村を七人が治めていたとも考えられる。

いずれにせよこの投降は、全村の総意によって為されたとすべきで、上津野村一村だけの投降ではあるまい。

この投降について「藤原保則伝」には正史にはないことが書かれている。

叛乱した首長のなかに投降を拒否した者が二人いて、それを保則が詰問したところ、蝦夷たちは二人を殺して首を持参したという。

これが事実なら、作者の三善清行は保則からその顚末を直接聞いたということになるが、これはどうも素直には受け取れない。叛徒の討伐という点では、ほとんど戦果のなかったこの乱で、保則を引き立たてる為に脚色したという感が強くする。

もし賊徒の首領殺害が事実なら、保則は何故それを太政官に報告しなかったのだろうか。基経の意向に逆らって和平に動いた保則の立場は実に悪く、二人の殺害が事実なら彼らを首謀者として太政官に報告すれば基経の面子も立ち、保則の評価も上がるところだ。またそういう外連《けれん》を抜きにしても、本来これは官軍の事績として報告すべき主要な出来事で、これを書かない理由がない。

それにこの後の保則の行動を見ると、和平に向かうと決めたあとは全く迷いがなく、基経の思惑も無視して和平を優先している。保則は結局首謀者を処罰せず、その名も明かさなかった。それは和平を壊さないための配慮であろう。奏言に叛徒の名を記せば、処分の決済は太政官に委ねられ、下手をすれば首謀者が殺されて和平が崩れる。保則はそれを避けたかったのだろう。その彼が首長を殺せと仄めかすとは思えない。

奏言では春風が首領たちを伴ったのを見て、保則は投降してくる蝦夷に疑いを持っていたが、ここで初めて投降が本心からのものだと理解したと述べている。だが加えて、後に考えれば余計となるような一文も載せた。これは向化三村の蝦夷の反論に加える形で書かれているから、投降の受諾に反対する論拠として述べられている。

「降を乞う者、その体疎慢にして旧例に叶わず」

朝廷には降伏の法なるものがある。武器を捨て、自らを縛って首を垂れ、如何なる裁きも受け入れますと言わなければ降伏の体にならないという。それが宮廷貴族の常識だとしても、蝦夷にはそんな「作法」はない。形式を重視し、自分らの作法しか認めない平安貴族の嫌らしさを感じるが、当の保則や基経はそれを当然のことと考えていたようで、一片の疑いも懐かなかったようだ。

さて保則はここから武力制圧か恭順策かで迷い始める。その迷いの原因は無論投降の法などではなく、向化三村の強烈な反対にあった。三村の俘囚は叛徒十二村を壊滅させなければ、必ず自分たちに報復する。叛徒の種族は多く、恐れない訳にはいかないと言う。

恭順した首長を引き連れた春風、難路を通って疲労しきった好蔭の軍、これらは保則を恭順策に傾けるに充分なものだったが、かと言って、どん底の国府軍を支えた向化三村の意向を無視するのも保則には忍びなかった。どちらを採るかを決めかねて保則は「謹みて明詔を佇《ま》つ」と判断を摂政基経に振っている。

以上、十月十二日条について述べたが、最後にもう一つ、この奏言で釈然としないところを挙げておこう。「去る八月より賊降るの状相続きて絶えず」の箇所である。

津軽や渡嶋蝦夷の参戦によって、状況が変わり、投降者が三々五々出始めた可能性はあるが、それらの処置については書かれず、ここで初めて三百人の投降は認めないと出てくるのが不自然である。これ以前に投降者があったとすれば、保則はその人たちをどう扱ったのだろうか。

八月になって投降が相次いだのが事実なら、少なくとも最初の投降者については、述べられて然るべきと思うが、それがないのが不審である。また有房や滋実の行動の描写を見ると、彼らが投降者に出くわしたのは、これが初めてであるように映る。

元慶の乱の記述に投降者が現われるのは二ヶ所で、この三百人と十二月の二百人だが、散発的な投降については、この奏言以外には触れられていない。どうもこれは征討を主張する基経に、投降が絶えず恭順策も有効であると知らしめるための脚色でなかったかという気もする。

（五）小野春風

a　春風への疑問

さてここまでの経過で、鎮守将軍小野春風の行動が色々な意味で不可解だった。国府の保則に黙って恭順＝和平に動いたことや、好蔭の八幡平越えは既に述べたが、疑問はそれだけではなく、他にもいくつかある。

まず、春風が短期間で十二村を恭順に誘えたのは何故か。また秋田に来着した春風の軍が営に入らず、その北に宿営したのは何のためか。

それに加えて、三百人余の蝦夷の投降時期の問題もある。出羽から京への奏言は、概ね十二日ほどで着いているから、春風と好蔭の上津野行きを記した八月四日の奏言は、七月二十日前後に出羽を発している。とすれば、二人が上津野に向かったのはその前ということになり、それからすると春風は七月末か遅くとも八月初めには上津野に入っていた筈である。

つまり八月二十九日の投降は、春風が上津野に入ってから一ヶ月ほどして起きたことになる。当然ながらこの一ヶ月というのは、十二村内で恭順するか否かの論議がされているか、既に恭順に決していたかもしれない時期になる。

であるのに、何故彼らは春風に投降せず、わざわざ秋田の営に来たのか。この蝦夷の投降には、大きな矛盾がある。

これから三項にかけて、これら春風に関わるいくつかの問題について考えてみようと思う。

まず短期間で十二村が恭順した問題である。蜂起した蝦夷百姓は、秋田河以北を己の地としたいと言った。これは謂わば独立戦争で、当然のことに彼らの意志は固かった筈だ。その彼らがこうも易々と降伏に傾いのには、津軽・渡嶋蝦夷が国府側に付き、十二村を襲撃したということもあろうが、それだけが理由ではあるまい。もう一つ大きな問題があったと思われる。それは食料の逼迫である。

元慶五年四月に、蜂起軍が秋田城から取り返した稲の量が報告されている。その嵩は四十二万五百一束六把八分六毛で、稲一束は十把で米五升に当たるから、石高に直せばおよそ二万一千二十五石である。これに五千人の大軍が秋田城で惨敗した時に簒奪された米と糒七百石を加えると、総計は二万一千七百二十五石となる。

蜂起した民の総数を一万七千人と仮定すれば、一人当たり約一石二斗七升八合となる。これはかなりの数量に見えるが、当時の枡は現在より大分小さい。澤田吾一氏が推計した奈良時代の度量衡の斗量では、一升は現在嵩で約四合に当たるとされる。だがこれが元慶の乱当時も同じであったかどうかは定かではない。

高橋崇氏が、正史の記述から延暦の征夷戦での兵士の一日の消費量を、およそ二升と計算している。ところが、元慶の乱終息後の元慶五年三月に載る兵士の支給量を見ると、鎮兵が日量一升六合で城兵は八合である。鎮兵を戦闘要員と考えて延暦の支給量と比べても二升対一升六合で、八割に落ちており、大分数量に違いがある。八十年以上が経過して、枡の大きさが変わったのかもしれない。

枡量がはっきりしているものに、後三条天皇によって選定された一〇七二年（延久四）の宣旨枡があるが、この一升は現在の六合七勺になる。これは元慶の乱から二百年後のことであり、これから見ても元慶の乱当時の枡が、延暦の頃より大きくなっている可能性が考えられる。

律令制の下で支給される兵士の日量が大きく変わるとも思えないので、延暦の枡は澤田氏の推計による一升＝四合として、延暦の兵士日量二升は、元慶の鎮兵日量一升六合に等しいと考えてみる。つまり元慶の頃の一升六合を現在の八合と考える。これは延暦の一升＝四合、延久の一升＝六合七勺の間に入り、一升＝五合の想定である。

すると当時の数量の二分の一が現在嵩になるから、蜂起した一万七千人の民の一人当たり量一石二斗七升八合は、六斗三升九合ということになる。これは一日三合の消費で、二百十三日、四合なら百六十日でなくなる量である。

当時は食を玄米に頼る傾向が強かったためか、現在より米の消費量が多かったようで、延暦の頃は兵士の日量二升に対して、一般人は一升であったという。つまり現在嵩で一日四合を消費していたことになる。とすれば、秋田城から奪った数量は、とても充分なものとは言えない。

無論、米以外にも食料はある。特に里芋は縄文の頃から食されている食材だが、しかしこれは貯蔵には不向きな作物だ。また秋に集めた堅果類は、蜂起以前の冬の間に食べ尽くしていたであろう。もちろん常以上に狩猟漁撈も行なっただろうが、それだけでは倍に膨れあがった人口を支えるには充分ではなかったのではないか。蜂起を決断した直接の要因は、食料の欠乏にあったであろうからだ。

彼らは戦いの最中にも狩猟漁猟をし、稲を育てようとしたに違いない。しかし成人男子の多くが戦闘員となっていれば、これは容易なことではない。五月になって秋田河以北の自治を認めてくれれば停戦すると和平の提案をしたのも、それが田植えをするぎりぎりの時期だったからだとも考えられる。

しかし、この提案を朝廷が呑む筈もなく、交渉は不調に終わった。秋田の営を扼《やく》す兵力と後方支援の兵力を維持しなければならない蝦夷百姓には、食料の不安が徐々に膨らんでいっただろう。米の消費を日当たり三合としても十月半ばには米は枯渇する。更に量を減らして食いつないでも、とてもこの冬は越せまい。

その食糧問題が逼迫した秋に、津軽と渡嶋蝦夷の多くが朝廷に付いて十二村に攻撃を仕掛けた。それは八月初旬のことだと思うが、これによって蜂起軍は営を押さえていた部隊を引き、十二村の防備を固める必要に迫られた。春風が上津野に入ったのは、将にこの頃である。

蝦夷百姓が春風の説得に応じたのは、そういう状況下でのことだったと思われる。だがそうは言っても、春風が藤原滋実のように蝦夷を蔑視する人物であったなら、こんな短期間で説得が成功したとは思えない。わずかひと月ほどで、十二村総てを恭順させた春風は、おそらく滋実とは違う感覚を、蝦夷や百姓に対して持っていたのだろう。つまり小野春風は、蝦夷百姓に信頼感を懐かせ得る人物だったということである。では小野春風とは、どのような男だったのか。

b　春風の人物像

春風が陸奥国の武官だった小野石雄《いわお》の子であることは既に述べているが、この石雄は兄の岑守に付いて文室綿麻呂の征夷戦に参陣して以降、そのまま陸奥に据え置かれたようだ。

石雄自身の事績はよく分からないが、長子春枝の事績は多く残され、この人は生涯陸奥の武官で通した。石雄が京に戻ったのであれば、春枝が陸奥で生涯を終える筈はないだろうから、石雄はおそらく陸奥を離れてはいまい。

綿麻呂のあとの陸奥守に兄の岑守が就いたことが、石雄を陸奥に留める切っ掛けになったのかもしれない。彼は陸奥の国司となり、岑守が帰京したあとも国司の任を解かれなかったのだろう。

石雄の名を記した漆紙文書が多賀城址から出ているが、石雄は陸奥の介だったということの他には事績が知れない。兄の岑守が陸奥守になったあと石雄の弟の滝雄が出羽守に就いていることを考えると、征夷副将軍であった永見の子でありながら、鎮守将軍にも陸奥守にもなれなかった石雄は、如何にも低い扱いをされているように見える。

石雄には息子が三人おり、上から春枝、春風、春泉という。この兄弟は父の名の一字を受け継がず、代わりに春の一字を共通とする何とものどかな名を付けられた。

春に芽を付ける枝、春の温んだ風、雪の下から湧き出す泉という武官に似つかわしくない名を子に付けた石雄は、心優しい性格であったのかもしれない。彼が冷や飯を食わされたのは、文室綿麻呂のような武断政治に批判的で、武人らしからぬと思われたためだろうか。そう想像するのは、父よりずっと重用された嫡男春枝の政治姿勢が、武断政治とは対象的に見えるからでもある。

また風雅の趣きで言えば、次男の春風は武人でありながら歌にも巧みで、古今集には二首の歌が載っている。この資質は石雄譲りのものだったような気もする。

石雄は武官であったから、多賀城よりも鎮守府である胆沢城にいたことが多かったであろう。長子の春枝も鎮守将軍を二度務めるなど、もっぱら武官として任用されたので、やはり胆沢城への勤務が主であった。父と兄の勤務状態からして、春風は幼少の頃のほとんどを胆沢で暮らしていたと考えても間違いではあるまい。

長子の春枝はかなりの優れ者で、陸奥が危急の事態に見舞われたとき、よく起用されている。八五三年（仁寿三）に陸奥は飢饉となり、翌年には騒乱に発展したが、復一年の措置をしても沈静化しなかった。これが二年後の八五五年（斉衡二）になると、蝦夷同士の殺傷沙汰にまで拡大する。陸奥国府は千の兵士を発し文室道世を鎮守将軍とするも収まらず、更に兵を増員している。また百姓蝦夷へは一万石の振給が行なわれてもいるが、それでも収拾できなかったとみえ、八五六年（斉衡三）正月には陸奥守と鎮守将軍が共に交代させられた。

この時、陸奥守になったのが文室有真《ふんやのありざね》。元慶の乱に登場する有房の父である。この人は八三九年（承和六）に出羽が飢饉となり、翌八四〇年（承和七）に国守が次々に交替させせられる事態となったときに、四人目の守に任命され、以降出羽が沈静化したことは既に記した。

そして鎮守将軍には、小野春枝が任命された。この二人が陸奥の統治権と軍事権を握って以降、陸奥騒擾の記事が現われなくなるから、彼らによって陸奥は沈静化したのだと思われる。だがこの時、春枝が兵士を徴発したり軍事行動をした記述はない。

春枝はその後、八六〇年（貞観二）にも鎮守将軍となり、以後八六五年（貞観七）初頭までこの職に留まり、八六四年（貞観六）には陸奥権介も兼ねた。その間、兵士に徴発された百姓に税の減免がなく、家族を困窮させる原因であるとして、払えない分は正税によって補うよう上奏し、認められている。

八六九年（貞観十一）に起きた陸奥大地震の翌貞観十二年早々に、春枝は陸奥介となり、二ヶ月後の三月には権守となった。大震災のあとの施政には、春枝が不可欠だったのだろう。おそらくこれは朝廷による上からの人事ではなく、陸奥現地の要望だったのではないか。春枝の力量は、陸奥の国司官人の方がよく分かっていた筈だからである。

朝廷はそれ故、春枝を権守とした。これは事態に当たるための臨時職であり、実権だけを春枝に与えて、正規の守はあくまで朝廷の任命に拠った。京にいたことのない春枝の扱いは、これが限界だったのかもしれない。

春枝は、この貞観地震の時の記述を最後に正史から姿を消すから、このあと時を経ずに亡くなったのだろう。元慶の乱まで春枝が存命していれば、この人が関わらない筈がなく、春風が起用されれば兄弟で乱の処理に当たったに違いないと思われるからだ。

春枝の事績を見ると、武官でありながら行政能力が高かったことが覗える。騒乱だけでなく震災後の処理にも当たり、それまで使い捨て同然にされていた百姓兵の生活にも目配りが利いている。平安前期に下層民へ思いを及ぼす国司の多くは在地の者だったが、春枝もまたその一人であろうと思う。

これは父の石雄譲りの感性だったのかもしれない。律令下で様々な義務を負わされ、重荷に耐える良民、土地を奪われ蔑視される蝦夷、そのような東北下層民への憐憫が春枝には備わっていたのではないか。そしてそれはまた春風にも引き継がれていたのだろうか。

筆者には、そうであろうと思える。春風が元慶の乱で見せた不思議な行動は、その感性がなければ成り立たなかったであろうからだ。

さて元慶の乱には、幼少の頃を陸奥で過ごした者が官軍側に多くいた。鎮守将軍である小野春風、出羽権掾である文室有房と小野春泉、また秋田城の介であった良岑近もそれに含まれるかもしれない。

先の三人が幼なじみなのは、まず間違いないところだが、近が陸奥守となった木連もしくは高行の子であれば、承和年間に陸奥にいた可能性が高く、この三人とも顔を見知る間柄だったかもしれない。

京出身の良岑は頻繁に他の地に移ることが多いので、たまたま一時期を共にするだけだが、陸奥の小野や文室のような在地国司は世襲の様相が強くなっていたから、幼少からの馴染みが増えている。

このうち文室有房は、元慶の乱で硬骨漢らしさを発揮したが、陸奥守として春枝と共に難局に当たった有房の父有真も、陸奥守のあと出羽守に転任した際、前の守に対して不与解由状を出していて、硬骨漢の風が覗える。この父子の性格は、似ていたのかもしれない。

石雄の三人の息子のうち、次男の春風だけが京に出るが、これは本家の篁の引きによるものであろう。長子の春枝は家を継がねばならず、末子の春泉が成人する頃には篁は既に死去していたと思われるので、京に呼べたのは春風だけになった。それはおそらく春風の元服直後のことであろう。元服すれば受位任官の働きかけをすることになるから、本家の当主である篁は、叔父の家系が陸奥に埋没してしまうのを惜しみ、春風を京で受位任官させようと考えたのではないか。

上京した春風は、武人としての能力を評価されるようになった。貞観・元慶の間に軍事能力を求められる事件が二度起こるが、その双方に春風は関わっている。

二度目はこの元慶の乱。そして一度目が新羅が侵攻してくると大騒ぎになった八六九年（貞観十一）の事件である。これはどう見ても、大宰府が己の失態を糊塗するために捏造したものとしか思えないが、発覚の当初は、朝廷を激震させる大問題だった。

この事件は、豊前国の貢調船が新羅海賊に襲われ、積荷の絹綿などを悉く奪われたことに発している。本来大宰府が管轄する諸国の船はまとまって航海する定めであったのに、大宰府は何故か豊前の船だけを出航させ、そこを襲われた。これは言い逃れようがない大宰府の失態である。

朝廷の憤りは凄まじく、官物を失っただけでなく、国威をも失墜させた。前例のないことだと叱責した。当然、大宰府要人への譴責は免れないところだ。

問題はここからである。唐突に大宰府が新羅の侵攻を言い立て始める。曰く、大鳥が大宰府庁や兵庫の上に集い、陰陽寮はこれを「隣境に兵寇あり」の意だと指摘した。またその後、対馬下県郡の人、卜部乙屎麻呂《うらべのおとくそまろ》が新羅国に捕らえられ、獄に入れられたが、彼はそこで大船を造るのを見、兵が調練しているのを見た。番卒に問うたところ、「対馬島を伐ち収めるためなり」と答えた。乙屎麻呂は獄を脱出して帰り、それを告げたという。

　これらの報を受けて、朝廷は大騒ぎとなった。当時は卜占が信じられていた時代である。そこに兵寇ありの卦がもたらされ、更に新羅の侵攻準備を実見した証人まで飛び出したのだ。朝廷は社に奉幣し、寺に祈祷させるなど、怨敵退散の神仏頼みに駆け回ることになり、大宰府を咎めるどころではなくなった。

　だが無論、神頼みで侵攻が防げるものではないから、当然ながら新羅が奪取に来るという対馬の防衛が問題となった。そこで対馬守に任命されたのが散位だった小野春風である。

　援軍の臨めない孤島に少数の兵。それで島を守らねばならないこの役目は、貧乏籤もいいところで、在京の貴族でこの職を望んだ者は皆無だったであろう。だが授任された春風はこの任務を全うしようとした。

　対馬の防具は保存が悪く、傷んでいたため、春風は保呂《ほろ》に仕立てる布を要求し、糒《ほしいい》を入れる兵粮袋を作ったりもしているから、敵が大軍で抗し難いとなったら、対馬の急峻な山岳に誘って、ゲリラ戦を展開しようとでも考えたのかもしれない。

　また本来いるべき弩師がいないと指摘して、その配置を請い、父の石雄が綿麻呂の戦に参陣したときの冑を請うて、兄の春枝と一つずつ分け合ったりもしている。春風には戦意があり、尻込みしているようには見えない。

　春風は戦備を整え、新羅の侵攻を待った。だがやはり新羅軍は現われなかった。もとより新羅に侵略の意図などはなかったから、当然の結果である。

この当時日本と新羅の間には国交がなかったから、大宰府はそれをいいことに、新羅の侵攻をでっち上げ、証人まで偽造したのであろう。兵士が充満する浜で、牢を破り、舟を奪って逃げるなどという芸当を、たった一人でやってのけるのは至難の業である。

それに第一、新羅には日本を攻める余裕はなかった。景文王の治世であった新羅は、王の即位後に内紛が続き、この四年の間に二度も謀反騒ぎが起きている。また三年に渡って金城（慶州）付近が不作で、疫病や洪水が起こり、この年も洪水と地震に見舞われている。新羅はとても対馬島を伐ち収めるどころではなかったのである。

さて、このように武勇を認められていた春風だが、この対馬守に任命されるときも、また元慶の乱で鎮守将軍になったときも、いずれも散位からの任命であった。

無論、職を与えられずに散位になることも屢々起こることだが、有能とされた人物のほとんどは連続して職に就いている。春風が二度に渡って無官であったのは、たまたまだったのか、それとも何か理由があったのだろうか。

この辺の事情を正史は伝えないが、それについて触れたものが一つだけある。三善清行の「藤原保則伝」である。保則伝には誤謬が多いと指摘したが、他に資料がないので、これによって春風の状況を推測してみよう。

保則伝は、摂政基経に出羽の処置を頼まれた保則が、自分は文官で軍事の才がないからとして春風の起用を請い、春風について「前の左近衛将監小野春風は累代の将家。驍勇人に超ゆ。前年頻りに讒謗に遭い、官を免じられて家居す」と言ったとしている。

春風を推挙したのは保則だとするが、この真偽のほどは分からない。通常ならば武官の人事について、文官が口を出すとは思えないが、尋常の事態ではなかったので、そういうこともあったかもしれない。

問題は讒言と誹謗によって春風が免職されたと言っていることである。しかも「頻りに」とあるから、春風を貶めようとする人物は一人や二人ではなかったということになる。それほどまでに春風が疎まれる理由は何なのだろう。

保則伝は、その内容に踏み込んでいないが、一つ気になることを書いている。春風が上津野に入るところである。

「春風、少《おさな》くして辺塞に遊び、能く夷語に暁らけし。即ち甲冑を脱ぎ弓を棄て、一人虜軍に入る」

前述したように、春風が幼少の頃、陸奥にいたのは確かだから「少くして辺塞に遊び」というのは当たっている。だが保則伝はそれに加えて「夷語に暁らけし」と言う。

夷語とは、蝦夷の言葉を総称したもので、陸奥や出羽、津軽や渡嶋に住む人々の言葉は総て夷語と言われた。従ってそこには、蝦夷と俘囚はもとより、和人とアイヌ人の言語の区別もされていないと考えた方がよい。

春風は胆沢で育ったと思われるから、彼が精通していた夷語とは、陸奥胆沢方言とアイヌ語ということになるが、この当時にアイヌ語がどれほど話されていたかは分からない。アイヌ民族が南下したのが縄文時代であるなら、一部の単語はそのまま残るとしても、言語は既に渾然となって、在地の言葉が成立していたのかもしれない。

春風が幼少の頃から陸奥に居たにしろ、しかしそれだけでは言葉が操れるようにはなるまい。在地の人々と交わり、日常的にその言葉を使わなければ、それは不可能である。

常識的に考えれば、国司の子弟らの交遊は、官人社会の枠内が主で、蝦夷百姓と交わることは余りなかったと思われる。とすれば、夷語に堪能だったという春風は、かなり特異な育ち方をしたことになる。それは父の石雄が蝦夷や百姓との交遊に寛容でなければできず、加えて春風自身が蝦夷百姓と遊ぶことを好んだからでなければならない。

保則伝が春風を評して「驍勇人に越ゆ」と言い、「夷語に暁らけし」と述べることからすると、春風の生い立ちには蝦夷が深く関わっていたのではないかという推測もできる。

当時、蝦夷は屡々「弓馬の戦闘は夷獠《いりょう》の生習。平民の十その一に敵す能わず」と評された。これは八三七年（承和四）二月八日条に載る文言だが、同じような表現が再三現われ、なかには「十」を「百」や「千」に変えたものまである。要するに蝦夷は馬を巧みに操り、騎射に優れていて、その精度は官兵の十倍にもなるということである。

この優れた蝦夷の騎射を春風は教わり、会得したのではないか。それだけ蝦夷の子らとの交遊が密で、また騎射を教えてもよいと思われるほど、蝦夷の大人にも好かれたということだろう。そうであれば、春風の技量が京の武官を優に凌駕していたのも肯ける。

また蝦夷百姓と交わって育ったことから、春風の言葉には陸奥胆沢の訛が残り、京の貴族や官人に違和感を懐かせたと想像することもできる。夷語訛の言葉と蝦夷譲りの卓越した弓馬の技量、この二つによって、春風は蝦夷のようだと陰口を叩かれ、誹謗の対象とされたのではないか。

このように春風の生い立ちを推測すれば、「一人虜軍に入る」という保則伝の記述にも信憑性があると言える。

春風が胆沢方言に通じていれば、米代川の蝦夷とも会話が成立したであろう。東北弁とひと言で言っても、胆沢と米代川や秋田では、かなり発音が異なるが、全然意味が通じないということはあるまい。何度か聞き返すことがあったとしても、会話は成り立ったと思われる。

軍勢を伴って上津野に現われれば、官軍の襲来と取られて、すぐさま戦闘になる怖れがある。春風はそれ故、軍を連れずに上津野に入ることにした。とは言っても連絡のために従者の一人二人は伴っただろうし、言葉が充分通じないこともあると考えて米代川や秋田言葉に通じた者も連れていったかもしれないが、いずれにしても春風は、ほとんど裸同然で上津野に入った。新羅の侵攻を前にしても動じなかった春風なら、この程度の剛胆さを持っていても不思議ではない。

さて、これらのことを前提とすれば、春風の行動への疑問に仮説を立てることができる。次項はその私見である。

c　春風の行動について

まず春風は、元慶の乱に関わった国司官人や蝦夷百姓のなかで、最も情報を集め得る存在だったことが上げられる。

春風には胆沢の蝦夷百姓に多くの知己がいた。また朝廷側にも情報網があった。出羽には弟の春泉と幼なじみの文室の有房がおり、胆沢にはおそらく甥の連岑《つれみね》がいた。連岑は兄春枝の子で、事績は全く分からないが、春枝の後を継いで武官になっていたと思われるから、胆沢にいた可能性が高いだろう。

春風は鎮守将軍になった時に、秋田城司の暴政が乱の起こりだと聞いていたとしても、詳しい状況までは分からなかっただろうから、陸奥に来てから蝦夷や百姓の知己を訪ね、秋田の情報を集めたのではないか。

地域住民の情報伝達は官側のそれよりも遙かに早い。春風は秋田の実態が如何に過酷だったかを悟っただけでなく、百姓が十二村に逃げ込んだことも、それ故に十二村の食料が逼迫していることも知ったのではないか。また出羽の保則が津軽蝦夷へ工作を始めたことも掴んでいただろう。

それらの情報を総合して、春風は腹を決め、行動を起こした。それが上津野入りである。武力制圧でなく、恭順を説いて和平を実現するという方針は、この時から不動のものだったに違いない。この後の奏言に現われる春風の言動を見ると、彼は朝廷官吏の立場を外れて、蝦夷百姓を救おうとしたように思われる。それほど徹底して恭順の受け入れを説いていて、行動は首尾一貫している。

また春風は、好蔭だけには総てを明かしていた筈である。彼の協力がなければ春風の方針は成り立たないからだ。春風の元に頻繁に出入りする蝦夷百姓との会合には好蔭も同席したのではないか。その結果、彼は春風の方針に賛同した。そうでなければ、好蔭は出羽国府に状況を報告し、春風の行動を批判していてもおかしくはなく、また過酷な山越えを引き受けたりもしまい。好蔭はこの後春風が出羽の奥地が進軍に困難だと主張したときも、反論した記述が一つもないから彼が春風の側に立っていたのは確かであろう。

春風は胆沢蝦夷の伝手《つて》を伝って上津野村へ和平交渉に向かうと告げ、鎮守将軍が十二村に入る了解を取った。だからこそ、軍勢を連れずに「一人虜軍に入」ることができたのだと思われる。

春風は出羽の保則には上津野へ向かうとしか告げなかったため、保則はこれを挟撃策だと誤解したが、それは保則の罪ではない。そう誤解されるのを承知の上で春風は行動している。

十二村の蝦夷百姓は春風との談合に応じた。春風は食料が欠乏し津軽蝦夷が朝廷に付いた今は、早期に和平を実現させねば住民の死活に関わると説き、それには恭順の形を取るしかないと言ったのではないか。

蝦夷百姓は、それに同意したが、問題は武力制圧の方針を取る朝廷と出羽国府の方である。国府に恭順を認めさせるためには、策略が必要だと春風は考えた。その結果出てきたのが、三百人の投降という手段だったのではないか。この戦術は春風の策だったと思う。蝦夷の投降が春風の十二村滞在中に起きたのはそのためであろう。

この投降を国府が受け入れるなら、一挙に恭順が達成できる。だが受け入れられなくとも、蝦夷百姓の心情を記した書状を渡すことはできる。それがこの恭順の狙いだったのではないか。

この書状は功を奏して、保則を感動させた。保則は乱最後の三月の奏言で、これを「愁状十余條」

と呼び、「詞旨深切にして甚だ理致あり」と述べている。この書状が保則の気持を恭順受け入れに傾けさせたのは確かである。

ところで秋田に着いた春風は営に入らず、「秋田の営以北に来着」した。しかも彼の率いてきた兵は四百七十人で、与えられた五百人から三十人減っている。

春風が宿営した営の北とは、秋田の営を押さえていた蜂起軍の営所の辺り、つまり旭川と雄物川の合流点の北側だと思われる。

彼は鎮守将軍の職責によって、営の北で賊を防ぐとでも言って、敢えて営を離れて宿営したのであろう。兵士が減っていることと合わせて考えれば、それは十二村の蝦夷百姓との繋ぎを考えてのことだと推測できる。三十人の兵士は伝令である。二人ずつ組ませれば、十五ヶ所に配置でき、蜂起軍の主要人物と連絡を取ることが可能になる。

そうした手配りをしたうえで、春風は和平実現に向けて懸命の努力をした。だがこの後、京出身の国司たちとの激論が始まる。彼らの論拠を覆し、戦闘よりも和平を、という春風の主張を呑ませるには、更に五ヶ月間の苦闘が必要であった。

(六) 乱の終焉

a 激論

さて春風のことを長々と書いてきたが、ここで話を元に戻そう。春風、好蔭の来着によって、保則が蝦夷の投降を本心と認め、しかし添河、覇別、助川の長らの反対によって悩み、基経に判断を仰いだところまでは述べている。続きは、この奏言への返答となる勅符からである。

十月十三日条。十二日の奏言に対する勅符。

「今月日の奏状を得て具に賊虜降を乞うの由を知る。それ兵兇戦危は先哲の炳戒《へいかい》。事已《や》むを獲《え》ずして乃ち之を用いるのみ。今逆虜過ちを悔い、請いて帰順を欲す。その容許に於いて何のよからざるあらんや。

但し古の降者はその甲兵を去り、面縛して命を待ち、裁きてその死生を制するを得て、然して後に降伏と謂うべし。帰降の法、若し旧制に同じくば、早速容受して飛駅奏聞せよ。随いて将に裁決せん。

若し両端を懐きて言、事と異ならば、我が兵威を奮いて一挙に誅滅せよ。凡そ狂賊の反乱は損を為すこと甚だ多く、良民を殺略し城邑を焼亡す。然れば則ち義従の俘囚の言、反覆せざるべからず。徳を観《しめ》し兵を耀し、機に随いて施すべし。その虚詭を信じて哂《わらい》を後に貽《のこ》すこと莫《な》かれ」

保則が春風の意見と向化三村の要請を並列して「臣ら裁く所を知らず。謹みて明詔を佇つ」と二者択一の選択を朝廷に委ねた結果がこれである。冒頭、奏言を発した日が落ちているが、十月一日前後であろう。

勅符は降伏を許して何の悪いことがあろうか、法に則った帰降をするなら諾否の裁決をしようと言いながら、一方では叛徒の蝦夷を疑い、三村の蝦夷の言も考えない訳にはいかない、投降した蝦夷の嘘を信じて笑われるようなことをするなと言う。

文全体の印象から言えば、蝦夷を疑う気持の方が強く、恭順受け入れには否定的と感じられるが、そうは言っても保則の二者択一の問いに対する答えになっているとはとても言えない。摂政基経は乱終結の要諦のところで、判断を放棄したと言われても仕方がない。

遡れば、基経は保則が請うた二千の援兵を拒否し、津軽渡嶋蝦夷への大饗も否定して、今また重要な決定から逃げた。ますます保則は、基経の決裁によらずに乱を収拾しなければならない状況に追い込まれていく。

八七九年（元慶三）一月十一日条。

「去年十二月十日、凶賊反噬《はんぜい》の過ちを悔いて束手の請いを致す。便ち掠奪せし所の甲廿二領を返し進めて言いて曰く『取る所の甲冑はその数少なからず。己が狂心に任せて皆悉く截《き》り破り、身に称《あわ》せて約《つか》ね裁《つく》り、一も全き者なし。加えて賊類或いは奥地に入り、或いは居る所隔遠なり。その遺《のこ》し甲冑は捜求して追進す』

ここに於いて清原令望、藤原滋実、茨田貞額ら進議して曰く『今降を乞いし賊は二百人、進める所の甲は廿有余。賊党数多くして官甲已に少なし。野心測り難く、疑うらくは是れ矯飾ならん。須く後に進《たてま》つるを待ち、一度に計納すべし』と。

小野春風、議して曰く『春風自ら賊地に入り、具に逆類過ちを悔いるの心を知る。今亦霜雪を蒙《お》犯《か》して降を乞うこと懇切なり。若し疑慮を懐き、抑えて納めずば、猶逸を去りて労に就くがごとし。楽を成す所以に非ず』と。

藤原保則ら商量しけらく『令望の議、はなはだ道理ありと雖も、春風の謀るところも便宜なきに非ず。故に殊に慰納を加えて、その厳誅を緩めん』と

又渡嶋の夷首百三人、種類三千人を率いて秋田城に詣り、津軽俘囚の賊に連なざる者百余人と同じく共に聖化に帰慕す。若し労賜せずば、恐らくは怨恨を生ぜん。是によりて藤原統行、文室有房及び令望、貞額らを遣りて労饗しき」

身体に縄をかけて、今度は二百人の蝦夷が投降し、二十二領の甲も返還した。その際、彼らは官軍から奪った甲冑はもっと多いが、狂心に任せて切り破り、または自分の体に合わせて作り替えたりして完全なものがない。奥地に持ち帰ってしまった物もあるので、探し出して返したいと思うと申し立てた。

この蝦夷の言を受けて、国府内で激論が起きた、と奏言は述べている。

先に保則が指摘し、太政官が応じた帰降の法なるものは、朝廷側の慣習であって蝦夷のあずかり知らぬことである。自らに縄を掛けなければ降伏を受けないなどという儀式めいたことが平安貴族にとっては余程大事なことだったのだろうか。その些末な理由で乱の行方が左右されるとしたら本末転倒である。

だがおそらくはこれが、出羽国府で恭順受け入れ反対の論拠にされたのだろう。蝦夷に猜疑心を懐く国司たちは、帰降の法を殊更に言い立て、問題にしたと思われる。

八月二十九日に投降を拒否された蝦夷たちは、何故手や体を縛る屈辱的な形を強要されるのか理解できなかったに違いない。

だが十月の勅符からおよそ二ヶ月経って、蝦夷たちは朝廷のいう形式に則って再度降伏した。その行動の裏には、春風の説得があったと推測していい。春風は帰降の法なるものを蝦夷に納得させるのに苦労したに違いなく、それが最初の投降から三ヶ月もかかった所以であろう。

問題はこの降伏の許諾についての国司たちの議論である。案の定、清原令望、藤原滋実、茨田貞額らは反対し、春風は降伏を容れるべきだと反論した。

降伏した者はわずか二百人で、残党は多い。返した甲冑も少ないから、この投降はおそらく虚偽である。投降を入れるかどうかは、奪った甲冑を総て返させてから考えるべきだ、と京育ちの国司は主張する。

対して春風は、自分は直に賊地に入って彼らの降伏が本心からのものであることを知っている。こんな極寒の最中に投降してきたことを思えば、彼らの心情が分かる。これを疑って返した甲を納めなければ、易きを避けて艱難に着くようなものだ、と反論した。

保則はまだ態度を決めかねている。だが彼は、この決済をもう朝廷に求めようとはしなかった。彼がそれをするのは、自分の腹が決まってからである。

この奏言に対して朝廷は一月十三日に勅符を下しているが、そのほとんどが欠史で、正史に載るのは、深江三門、大辟法天、玉作正月丸の三人の俘囚への叙位の記事があるだけにすぎない。

この元慶の乱の記事には余りにも欠史が多いが、そのなかには公に残すことを憚って削除されたものがあったのではないかと先に述べたが、特にこの一月の勅符は感情的な言辞で連ねられていたような気がする。

この奏言には蝦夷を慰撫して戦闘を停止したことが再度述べられ、また朝廷が否定した津軽渡嶋蝦夷への饗応を独断で行なったことが書かれている。それも三千人を優に超える大規模な饗応である。

摂政基経は、保則の恭順受け入れか武力制圧かの二者択一の奏言にも、恭順受け入れに暗に反対する勅符を下していた。それにも拘わらず、保則はここで再び休戦を表明し、更に朝廷が必要を認めなかった大饗を行なった。このことが基経の癇に障ったのではないか。

それらを考えると、この勅符には基経の品性が疑われるような激烈な文言が並んでいたような気がする。それがこの勅符を欠史とさせた理由ではなかろうか。

b　保則、乱終結を決断する

八七九年（元慶三）三月二日条。

元慶の乱を終結させた最後の奏言である。保則は論拠を上げて、蝦夷の降伏を受け入れる判断を示し、朝廷はそれに反論できなかった。この奏言の部分〳〵は、これまでの経過のなかで何度か取り上げているが、乱を総括する文書としては、これを欠かすことができない。

これは保則渾身の一文であり、かなりの名文である。通読した方が保則の心情を理解しやすいと思うので、まずは全文を載せ、後に段落を区切って検討することとしたい。長文である。

八七九年（元慶三）三月二日条。

「臣保則ら、謹んで去る正月十三日の勅符の旨に依り、早く虜を討つべし。而るに行事相違して進止する能わず。何となれば臣ら賜わる所の諸国の兵は千八百余人。上野下野両国各八百人、陸奥国の追い還せる散卒二百人是なり。此の輩を以て、且つは奥賊の士卒を撃破し、且つは近城の反虜を討ち平らげり。

次いで重ねて諸国の兵を請い、奥賊を攻伐せんとす。而るに陸奥鎮守将軍小野春風、権介坂上好陰らを相待つの間、未だ定むる所あらず。

是に於いて賊徒愁状十余條を進《たてまつ》り、怨叛の由を陳《の》ぶ。詞旨深切にして甚だ理致あり。則ち法禁を弛めて其の冤枉《えんおう》を慰めき。

ここに古老の言に曰く『兵を用いるの道、尤《もつと》も士を練るにあり。その後、固く塞ぎて出征入休す。動静去留これに依らざるなし。又当国の形勢、地北陸に迫りて秋天雪多し。此の時に当たりては営《えい》塹恃《ざんたの》み難く、士卒を選練して城柵を修造し春風等の来るを相待つに如かず』と。

臣ら古老の言を用い、諸国当士の軍を撰びて上兵と為す者一千人。官人を分配し、それをして労賜せしむ。但し、当士の卒は甲冑なきによりて、輙《たやす》く進むこと能わず。交《こも》ごも諸国の軍を雑《まじ》えて兵衆の勢いを増さしむ。

その中国の下兵擔夫は、立柵の事に役《つか》いて本国に還向せしむ。此の事の由趣は上奏先に畢《おわ》んぬ。凡そ当国は兵士鎮兵千六百五十人あるべし。而るに承前の国司は一人も置くなし。今諸国見留《げんりゅう》の兵を計るに、未だ当士例兵の数に及ばず。

臣ら城下を定めしの後、殊に方略を廻らして此《ここ》に隣兵を待ち城柵を作為す。軍士休むを得て国内慮《うれ》えなし。その後賊三百人許り、秋田城に詣りて降を乞う。然りと雖もその降を受けず。

臣等因りて議する所あり。春風らは且く鎮守府を擁して後告を待ち、機に応ずべきの状を権掾小野春泉を馳せて春風らに告ぐ。春泉未だ鎮守府に達せざるの間、去年九月十五日好蔭流霞路より来たり、廿五日春風上津野より来たる。この時道路泥深く、風寒きこと粛烈。嶮岨を経過して士卒疲労す。

春風言いて曰く『詔を銜《ふく》むの日、伏して聖略を奉ずるに、先ず賊類を教喩して必ず降伏せしめ、若し逆心を革《あらた》めずば兵を進めて討滅せよと。仍りて勅旨を奉宣して賊徒を教喩するに、帰伏して相随いて到来す。至誠疑いなし。更に討つべからず』と。

臣等初め謂《おも》えらく。賜りし所の兵を以て春風らと表裏勢いを合わせ、日を刻《さだ》めて討ち平らげんと。而るに春風の足、虜庭を歴て逆党を降らしむ。降伏の後更に官軍を進めば、虜、己を欺きたりと謂いて殊死して戦い、その鋒制し難く、蠆尾《たいび》に毒を施さん。亦賊地険狭にして潜通の路多し。この小軍を以て輙《たやす》く赴くこと難し。故に春風の言に随いて暫く征伐を停む。

その後、賊類亦来たりて降を請い、官物を返し進《たてまつ》る。臣ら彼の来降に依りて漸く利害を計るに征戦の幣《ついえ》は只一途のみに非ず。

案ずるに、去る延暦年中、当道に下されし陣図は一万三千六百人を以て一軍と為し、分けて三軍を作り、輜重《しちょう》八百人、擔夫《たんぷ》二千人なり。而るに今、上野下野両国の軍千六百人、輜重擔夫二千余人、好蔭率いる所の兵五百人、輜重擔夫千余人なり。此れに因りて之《しし》を言うに、多く旧例に違う。

中国の軍は七月に到着し、陸奥の兵は九月に入来す。会合参差して整頓に妨げあり。或いは陣に臨《のぞ》みて列《なら》び難く。或いは鼓を聴きて迷い易し。皆これ戦を忘れて日久しく、習いの然らしむるなり。

国内の黎民苛政に苦しみ、三分の一は奥地に逃げ入り、遺《のこ》る所の民は数年の弊を承けて自存の方なし。況や軍興りて以来は、軍粮を運転して去今の両年少時も息《やす》まず。无用《むよう》の卒は部内で騒動し、救いを待てるの処に還りて巨害を致す。

管する最上郡は道路嶮絶にして大河の流れ急に、中国の軍、路に必ず此を経、迎送の煩い勝《あ》げて計うべからず。今重ねて大兵を請い、降虜を討たんとすれば、国弊《つか》れ民窮して克堪すべきこと難し。若し部内の窮卒を慰撫して奥地の逃民を験出し、中国の甲冑を留めて当士の例兵を選ばば、則ち降虜反すと雖も畏るるに足るべからず。

是に由りて降賊の状を頻りに以て上奏す。但し臣ら以為《おも》えらく。賊冠聞こゆるなく年代稍《やや》久し。此の変乱に因りて誅戮を窮めずんば、恐らくは綏禦《すいぎょ》を失えるが如く、辺難絶えざらん。更に大軍を発し撲滅して燼《のこ》すなきは、国家の長策天下の上計ならん。

臣ら敢えて専決せず。疑いを懐に持して進退の間、謹みて天策を佇《ま》つ」と。

以下、段落を区切って奏言を検討する。

「臣保則ら、謹んで去る正月十三日の勅符の旨に依り、早く虜を討つべし。而るに行事相違して進止する能わず。何となれば臣ら賜わる所の諸国の兵は千八百余人。上野下野両国各八百人、陸奥国の追い還せる散卒二百人是なり。此の輩を以て、且つは奥賊の士卒を撃破し、且つは近城の反虜を討ち平らげり」

奏言の冒頭に、一月十三日の勅符の内容が覗える文章がある。「勅符の旨に依り、早く虜を討つべし」がそれである。朝廷は蝦夷の投降は認めず、早く征討せよと命じたのだろう。

だが保則は「而るに行事相違して進止する能わず」と、征討が実行できなかったと言明し、「何となれば臣ら賜る所の諸国の兵は千八百余人」と続けた。兵数が少なすぎると言ったのである。従ってこの千八百人の兵を以て「且つは奥賊の士卒を撃破し、且つは近城の反虜を討ち平らげり」と保則が言うのは、既に述べたとおり、ほとんどあり得ない。

このさも戦ったかのような文章を付けたことで、表現を少し和らげてはいるが、前段は摂政基経への批判もしくは皮肉と取られても仕方がない。蝦夷を征討せよとおっしゃるが、兵がたった千八百では不可能ではありませんか。保則はそう言っている。

「次いで重ねて諸国の兵を請い、奥賊を攻伐せんとす。而るに陸奥鎮守将軍小野春風、権介坂上好陰らを相待つの間、未だ定むる所あらず」

そのため保則は、到着して間もない七月十日に常陸と武蔵から兵を徴発してくれるよう要請した。だが朝廷がこの要請を拒否したため、春風と坂上好陰の軍を待つ間、「未だ定むる所あらず」という状況に立ち至った。「未だ定むる所あらず」とは、何ら戦略を定められないということで、叛徒に対抗する手段がなくなったことを意味する。この段階では春風と好蔭の軍に望みをかけるしかなく、官軍は秋田の営に逼塞している状態である。

「是に於いて賊徒愁状十余條を進《たてまつ》り、怨叛の由を陳《の》ぶ。詞旨深切にして甚だ理致あり。則ち法禁を弛めて其の冤枉《えんおう》を慰めき」

続いて愁状十余條のことが出てくるが、既述したように、これは蝦夷三百人余が投降した際の話で、この時点での出来事ではないとは思うが、いずれにせよこれは八月のこと、津軽蝦夷が国府側に付き、蜂起軍を攻撃した後の話である。

重要なのは、蜂起した民が「怨叛の由」を述べた愁状十余條を「詞旨深切にして甚だ理致あり」と保則が述べていることで、この訴状が彼の心理に与えた影響が覗える。

「ここに古老の言に曰く『兵を用いるの道、尤《もっと》も士を練るにあり。その後、固く塞ぎて出征入休す。動静去留これに依らざるなし。又当国の形勢、地北陸に迫りて秋天雪多し。此の時に当たりては営《えい》塹《ざん》恃《たの》み難く、士卒を選練して城柵を修造し春風等の来るを相待つに如かず』と。

臣ら古老の言を用い、諸国当士の軍を撰びて上兵と為す者一千人。官人を分配し、それをして労賜せしむ。但し、当士の卒は甲冑なきによりて、輙《たやす》く進むこと能わず。交《こも》ごも諸国の軍を雑《まじ》えて兵衆の勢いを増さしむ。

その中国の下兵擔夫は、立柵の事に役いて本国に還向せしむ。此の事の由趣は上奏先に畢《おわ》んぬ」

古老の言とはあるが、これは保則自身の考えであろう。

津軽蝦夷が国府側に立って参戦し、蜂起軍は平野から退いた。とは言え、手持ちのわずかな兵では奥地まで侵攻するのは憚られる。そこで保則は春風好蔭の軍に期待をかけて、彼らが来着するまで待機策を採ろうとした。古老の言や時節が秋に入ったためというのは、征討戦を行なわなかったことへの言い訳と考えるべきだろう。

保則は城柵を修理して上兵千人を撰び、器仗のない出羽の兵は兵数を増して軍団を大きく見せるために混入したと言い、また上野や下野の下兵擔夫は、作事が終わったあと本国に帰したが、それは既に報告していると述べる。

これは叛徒の蝦夷百姓と同様、出羽国府でも食料が欠乏していたことを覗わせるものだが、兵士帰還の部分は正史から省かれているため、いつのことか判然としない。とは言っても下兵擔夫を帰したのは、少なくとも八月のことではない。奏言の後段で春風好蔭の軍が来着した後の上野下野の兵を千六百人と記しているからである。ここでは城柵修理とそのあと下兵擔夫を帰したということが、一連のものとして書かれるが、実行された時期は異なると理解すべきだろう。

城柵の修復を完全に終えるのは、短期間でできるものではなく、停戦したとはいえ春風らの軍が着いたあとも、すぐに戦闘状態を解けるような状況ではなかった。従って常識的に考えれば、保則が武力制圧の方針を捨て、恭順受け入れを決断したあと下兵擔夫を帰したとするのが妥当である。とすれば、一月の奏言にある「慰納を加えて、その厳誅を緩く」した頃のことで、下兵擔夫帰還を請うたのは一月の奏言だったのではないか。正史はその部分の記述を省略したのだと思われる。

「凡そ当国は兵士鎮兵千六百五十人あるべし。而るに承前の国司は一人も置くなし。今諸国見留《げんりゅう》の兵を計るに、未だ当士例兵の数に及ばず。

臣ら城下を定めしの後、殊に方略を廻らして此こに隣兵を待ち城柵を作為す。軍士休むを得て国内慮《うれ》えなし。その後賊三百人許り、秋田城に詣りて降を乞う。然りと雖もその降を受けず。

臣等因りて議する所あり。春風らは且《しばら》く鎮守府を擁して後告を待ち、機に応ずべきの状を権掾小野春泉を馳せて春風らに告ぐ。春泉未だ鎮守府に達せざるの間、去年九月十五日好蔭流霞路より来たり、廿五日春風上津野より来たる。この時道路泥深く、風寒きこと粛烈。嶮岨を経過して士卒疲労す」

続いて出羽には兵士が一人もいなかったこと、本来置くべき鎮兵例兵千六百五十の数にも及ばないことが述べられているが、これには陸奥から追い返された二百の兵が入っていないようだ。陸奥兵は散兵と記されているから保則は勘定に入れず、上野下野の千六百の兵との比較で言っているのだろう。

続いて三百人余の蝦夷が投降したことが記されている。保則は蝦夷の投降が本心からのものとは信じられず、それを許さなかったが、春風らの軍は返させようとした。その辺の機微については既に述べているので省略するが、要は一時戦闘を留めるべきだと保則は判断したのである。

だが春風好蔭は、小野春泉が胆沢鎮守府に着く前に秋田の営に来てしまう。「この時道路泥深く、風寒きこと粛烈。嶮岨を経過して士卒疲労す」という描写は、主に好蔭の軍を見た印象であると思うが、出羽の奥地は冬の到来が早く、また難路であることを仄めかせてもいるのだろう。

「春風言いて曰く『詔を銜《ふく》むの日、伏して聖略を奉ずるに、先ず賊類を教喩して必ず降伏せしめ、若し逆心を革《あらた》めずば兵を進めて討滅せよと。仍りて勅旨を奉宣して賊徒を教喩するに、帰伏して相随いて到来す。至誠疑いなし。更に討つべからず』と」

この件も既に述べている。

春風は秋田に着いてから、保則らを必死に説得した。「至誠疑いなし。更に討つべからず」という言葉には春風の心情が溢れているように思う。

「臣等初め謂《おも》えらく。賜りし所の兵を以て春風らと表裏勢いを合わせ、日を刻《さだ》めて討ち平らげんと。而るに春風の足、虜庭を歴て逆党を降らしむ。降伏の後更に官軍を進めば、虜、己を欺きたりと謂いて殊死して戦い、その鋒制し難く、蠆尾《たいび》に毒を施さん。亦賊地隘狭にして潜通の路多し。この小軍を以て輙《たやす》く赴くこと難し。故に春風の言に随いて暫く征伐を停む」

春風と好蔭が上津野に向かったと聞いて、これは挟撃策に違いないと思っていた保則は、両軍が秋田の営に現われたのを見て、さぞ驚いたことだろう。しかも春風は十二村の蝦夷を降伏させてきたと言う。保則にしてみれば、思ってもみない展開である。

春風はそこで、わたしに降伏してきた蝦夷を攻めたりすれば、彼らは欺かれたと思い決死の覚悟で戦うだろうと進言した。保則は大いに心を動かされたが、向化三村の意向もあって、恭順受け入れの是非について朝廷に伺いを立てることになる。

この時、春風と好蔭は出羽の奥地の地形について「賊地隘狭にして潜通の路多し。この小軍を以て輙《たやす》く赴くこと難し」と教唆した。

奥地は山に挟まれて狭く、判然としない道も多い。この小軍で行くのは難しい、春風や好蔭がもたらしたこの見聞が、奥地について官軍が知り得た唯一の情報である。上野下野などの軍は奥地に行き着けておらず、保則は春風や好蔭の進言を通してしか、奥地の状況を知ることができなかった。ただしこの文中「この小軍を以て輙《たやす》く赴くこと難し」とあるところは春風好蔭の進言とは限らない。保則はこの奏言で恭順受け入れを基経に認めさせようとしており、敢えて保則がこれを付け加えた可能性はある。

ともかくも保則は、征討を留める決定を下した。そういう経過を記述した後、保則はいよいよ最も重要なことに触れていく。

c　保則の真骨頂

「その後、賊類亦来たりて降を請い、官物を返し進《たてまつ》る。臣ら彼の来降に依りて漸く利害を計るに征戦の幣《ついえ》は只一途のみに非ず。

案ずるに、去る延暦年中、当道に下されし陣図は一万三千六百人を以て一軍と為し、分けて三軍を作り、輜重《しちょう》八百人、擔夫《たんぷ》二千人なり。而るに今、上野下野両国の軍千六百人、輜重擔夫二千余人、好蔭率いる所の兵五百人、輜重擔夫千余人なり。此れに因りて之を言うに、多く旧例に違う」

ここからがこの奏言の核心部分であり、保則の真骨頂である。

保則はまず「彼の来降によりて漸く利害を計るに征戦の弊《ついえ》は只一途のみに非ず」と述べ、叛徒の投降と甲の返還を見て考えるに、征討戦の費用は一途に増やせばよいというものではないとして、暗に恭順受け入れを示唆する。

そして桓武天皇の征夷戦で、出羽に遣わされた一万三千六百人の軍勢に比べ、今回の陣容は上野下野両国の兵千六百人と好蔭の兵五百人でしかないと指摘した。

ここには春風の軍が抜け落ちているが、当然保則はここに春風の軍も入れていた筈で、三代実録の編者が書き落としたのだろう。

春風の軍を加えても兵数は二千六百でしかなく、保則は延暦年中と比べて、今回の征討軍が余りにも貧弱だと言っている。これは摂政基経の動員力のなさを批判したに等しく、「此れに因りて之を言うに、多く旧例に違う」という一文は、基経への痛烈な批判である。

保則は、延暦のような軍兵の編成がこの時代にできる筈がないとは、重々分かっていたであろう。しかし、彼は敢えてそれを持ち出した。基経の怨みを買うことも辞さない思い切った文章で、恭順を受け入れるべきという保則の強烈な意思表示でもある。

「中国の軍は七月に到着し、陸奥の兵は九月に入来す。会合参差《しんし》して整頓に妨げあり。或いは陣に臨《のぞ》みて列《なら》び難く。或いは鼓を聴きて迷い易し。皆これ戦を忘れて日久しく、習いの然らしむるなり」

保則は更に重ねて、その上野下野と陸奥で徴発した兵たちは、訓練が充分でなく未熟な兵の寄せ集めだと批判した。整然とした列も作れず、進退の鼓を聞いても理解できない兵では戦いにもならない。保則は長い間戦がなく、修練が足りないせいだと言っているが、上野下野であれ、陸奥であれ、彼らは鎮兵ではなく日頃は農地を耕す百姓が徴発されたものだから、軍事行動に馴染まないのは当然である。

ここから保則は出羽、特に秋田の状況について述べる。

「国内の黎民苛政に苦しみ、三分の一は奥地に逃げ入り、遺《のこ》る所の民は数年の弊を承けて自存の方なし。況や軍興りて以来は、軍粮を運転して去今の両年少時も息《やす》まず。无用《むよう》の卒は部内で騒動し、救いを待てるの処に還りて巨害を致す」

「苛政」とは無論良岑近による百姓蝦夷への搾取や強奪で、これが不作続きのなかで行なわれた。おそらくは出羽守多治比高棟も絡んだ苛斂誅求である。

その結果、百姓の三分の一は逃散した。この逃散民のほとんどが秋田郡の民であろうという推測は、既に述べている。

数年に渡ってそのような苛政に苦しんだ百姓が、今度は征討戦のための糧食の運搬に、足掛け二年に渡って使役され、徴発された兵は部内で騒動を起こして、救う対象である疲弊した百姓に、却って巨大な害を与えている。出羽、取り分け秋田郡の民は、苦しめ続けられていると保則は指摘する。

「管する最上郡は道路嶮絶にして大河の流れ急に、中国の軍、路に必ず此を経、迎送の煩い勝《あ》げて計うべからず。今重ねて大兵を請い、降虜を討たんとすれば、国弊《つか》れ民窮して克堪すべきこと難し。若し部内の窮卒を慰撫して奥地の逃民を験出し、中国の甲冑を留めて当士の例兵を選ばば、則ち降虜反すと雖も畏るるに足るべからず。

是に由りて降賊の状を頻りに以て上奏す」

秋田に兵や兵粮を送るには、最上郡を経なければならないが、道路は嶮岨で大河を渡らねばならず、その困難は並大抵ではない。もし更に大兵を請うて降伏してきた蝦夷を討つのであれば、国は疲弊し民は兵粮の搬送に疲れて、その困苦に堪えることは難しい。部内の兵を慰撫して、奥地に逃げた民を捜し出して戻し、上野下野軍の甲冑を出羽に留めて出羽の民から例兵を選んで配置するならば、再び蝦夷が叛しても怖るるに足りない。

このように事を収められるよう、降伏した蝦夷の状（愁状十余條）を添えて上奏する、と保則は述べた。

これが保則の結論である。だが奏言はこれでは終わらず、この結語の後に次の数行が付け足されている。

「但し臣ら以為《おも》えらく。賊冠聞こゆるなく年代稍《やや》久し。此の変乱に因りて誅戮を窮めずんば、恐らくは綏禦《すいぎょ》を失えるが如く、辺難絶えざらん。更に大軍を発し撲滅して燼《のこ》すなきは、国家の長策天下の上計ならん。

臣ら敢えて専決せず。疑いを懐に持して進退の間、謹みて天策を佇《ま》つ」と。

保則以下の国司には、他に思うところもある。蝦夷の叛乱が絶えてからやや久しくして、この乱が起きた。これを徹底的に叩かなければ、辺境の守りは綻び、騒動が絶えないことになるだろう。更に大軍を起こして叛徒の蝦夷を殲滅する事こそ国家にとっての上策であろうとも思う。

これを出羽の国司だけで決めようとは思わない。どちらが良いかの疑念を懐きつつ、朝廷の決定を待つ。そう保則は締め括った。

この結語の後に添えられた一文は、奏言の流れから言っても、保則の本意でないのは明らかだ。乱平定の決裁は、朝廷に委ねるべきだという文官らしい配慮から両論併記の体裁にしたものだと思うが、もしも摂政基経が戦闘継続を指示したらどうするつもりだったのだろう。文脈から考えれば、大軍を寄こすでもなく、現有兵力で殲滅戦をせよと命じられたときは、自分の手に余るとして辞任を申し出るつもりだったのではないか。保則はその覚悟がを匂わせつつ、この奏言を書いたような気がする。

では保則がこの強烈な奏言を送り、基経の反感を買ってでも乱を終結させようと決断した時期はいつだったのだろうか。

それはおそらく欠史とされた一月十三日付けの勅符を見たときでなかったか。そこに並んだ叛徒殲滅を指示する激烈な文言を見て、保則は腹を括り、基経の意向を忖度せずに乱を終わらせると決めたのではなかろうか。

保則には現有兵力で叛徒を殲滅できるとは到底思えない。また仮にそれができたとしても、その結果、蝦夷の元に逃れた秋田郡の百姓を多数殺戮することになる。それは保則が最も怖れるところだろう。奏言の末尾に「奥地の逃民を験出し」とあるのが、秋田郡百姓に対する保則の心情をよく表わしている。

保則は恭順受け入れが最良の方法だと判断したが、問題は国府内の反対勢力だった。その後の二ヶ月弱は、保則が国府内の意志を統一するために要した期間だったのであろう。向化三村や清原令望ら京育ちの国司たちの反対論は、それだけ頑強で、保則が説得に苦労したことが覗える。

この三月二日着の奏言に対して、同日に詔が出された。そこには「上野下野両国の軍に在る甲冑器仗をして出羽国に留め付けしむ」とだけあって、他の文言は省略されている。だがこれは保則の献策を認めた文言で、この後出羽は戦後処理に入るから、蝦夷の降伏を入れる旨の記述があった筈である。

この詔によって、元慶の乱は終わった。基経にすれば断腸の思いだったであろうが、彼は保則に反論できなかった。後は戦後処理が残るだけだが、それは元慶五年八月まで延々と続くことになる。

以下、保則の戦後処理について述べるが、そのなかで一つ解しかねる問題があるので、先にそれに触れる。保則が配置した出羽国の戦備についてである。

乱の後、保則は上野下野の甲冑を出羽に留め、例兵千六百五十七人、鎮兵六百五十人を、出羽国府、秋田城、雄勝城に配置して戦備を再建したが、問題はこの一府二城の体制で、ここに払田柵がないのは何故かという問題である。

払田柵が元慶の乱当時に存在しているのは明らかだが、保則はこの柵を記述せず、従前からの一府二城のみを記した。再三述べるようだが、払田柵は多賀城よりも大きい国衙級の柵である。この柵への配備がないのは、どう考えても腑に落ちない。

この一府二城のうち、国府は城輪柵に、秋田城は高清水にあったことが分かっているが、唯一雄勝城の位置だけが不明である。

雄勝城の造営は七五九年（天平宝字三）で、城柵の名から考えても雄勝郡に置かれたことは確かであろう。一方払田柵は、発掘調査によって九世紀初頭前後に造られたことが分かっているから、払田柵が天平宝字に造られた雄勝城となり得ないのは明らかで、場所も雄勝郡ではない。

しかし元慶の乱のとき、この四城が存在していたなら、出羽は一府三城と記され、払田柵への兵備もなされた筈だが、保則はそうはしなかった。つまり、この時出羽には一府二城しかなかったと考えなければ、この矛盾は解けない。

とすれば、その合理的な答えは一つしかないように思われる。九世紀初頭前後に払田柵が造られたとき、天平宝字年間の雄勝城は廃城とされて、払田柵が新たな雄勝城になったのではないか、ということである。

これには八世紀後半に秋田城が再三危うい状態になったことが影響していると考えられる。国府と秋田城の間を断たれることを危惧して、秋田に近い横手盆地に新たな柵を造り、出羽南部の雄勝郡にあった雄勝城は廃城としたのであろう。所在地が雄勝郡ではなくなっても雄勝城をそのまま名乗ったのは、後の十世紀半ばに秋田城が廃城したあと、別の場所に城を移しても名称を変えなかったのと同じ措置だと考えれば納得できよう。

元慶の乱当時の雄勝城は、払田柵であり、それ故、出羽は一府二城の体制のままだった。そう考える以外に回答はないように思われる。

以上述べた上で、保則の戦後処理の話に戻る。

保則は上野下野の甲冑を出羽に留めたうえで、陸奥や上野、下野の兵は皆本国に帰した。小野春風の帰還も含めて、これは元慶三年六月に報告されているから、春風の帰還はかなり早くに行なわれている。

この兵員増強に関して、如何にも保則らしい配慮も見られる。期限付きではあったが、百姓兵である例兵への支給分を鎮兵と同量とし、租税の復も求めたのである。

また探し出して返納すると約束したものの、一向に蝦夷が甲冑を返してこなかったため、権大目春海奥雄《はるうみのおくお》を遣わして、六十六領を集めさせている。

一方、この乱を転換させた功労者である津軽蝦夷や渡嶋蝦夷は、恩賞にありつくどころか案に相違して思いがけない羽目に陥ることとなった。出羽国府から狭布の支給を受けたり、饗応に預るためには位記《いき》という身分証明書が必要だったが、大饗を行なった日、死亡者の位記を使って参加した者がいたことが発覚し、保則は春海奥雄を遣って、死亡者の位記百六枚を回収させたからである。

また保則が出羽に着任した当初から、気がかりにしていた雄勝・平鹿・山本の三郡へは、更に手厚い措置をしている。元慶四年に三郡の俘囚に再び振給を行ない、百姓には復を与え、復は更に延長もした。この三郡に対する保則の懸念は、戦後も消えることがなかったようだ。

他にも、元慶の乱で焼かれまたは掠奪された物品を集計し、死亡した百姓九十九人を籍帳から除く措置を請うている。

保則が京に戻ったのは、八八〇年（元慶四）四月だと保則伝にはあるが、保則の帰京はもう少し遅かったのではなかろうか。保則伝には、この年七月播磨守に任じられるも辞退したとある。保則は任官の沙汰を断わり、朝廷に請うて出羽に留まったのではないか。というのは、次にあげる奏言が保則の発したものとしか思えないからである。

その奏言とは、乱終息後三年余も経った元慶五年八月になって、津軽渡嶋蝦夷の大饗に費やした不動穀二千百三十七石五斗のことを漸く報告したもので、そこには「先に言上せざりしは、責め牧宰にあり」とある。責めは自分にあると言っているのだから、この牧宰とは大饗を行なった保則以外には考えられない。罰せられるかもしれない大量の消費を、保則の後任者が自らの責任だと言うとは、思えないからである。

この奏言は保則が出羽を離れる直前に発せられたものであろう。保則はずっと秘匿していた大饗の費えを最後になって明らかにしたうえで、出羽を離れたのではなかろうか。この奏言が摂政基経を怒らせたことは間違いないだろうが、この大量の消費について、朝廷は今更それを咎めることができず、不問に付して認めざるを得なかった。

藤原保則と小野春風は、出羽の戦後処理が終わった翌年の八八二年（元慶六）正月になって、漸く官位を一階ずつ上げられ、保則は従四位下に、春風は従五位上になった。この時、保則には讃岐権守の官職名が付けられている。

これが乱平定の恩賞とすれば、随分と遅い。保則は右中弁と兼任で出羽権守となり出羽に赴いているから、乱が平定されれば太政官に戻すのが筋であるのに、国司である讃岐権守に任命された。その後も伊予守や大宰大弐などの地方官しか廻ってこず、基経の在世中に太政官に戻されることはなかった。これは基経のあからさまな意趣返しで、保則に対する遺恨は想像以上に深かったのであろう。

元慶六年の叙位も、基経には嫌々だったのではないか。乱を収め、事後処理を総て済ませた保則に、全く何の措置もしないのでは著しく慣例に反する。それ故、周りの声に押されて叙位せざるを得なかったのだという気がする。

藤原基経は八九一年（寛平三）一月に死去するが、それを待っていたかのように、その年四月に保則は左大弁として太政官に復帰し、翌年四月には早々と参議に取り立てられた。保則の能力を買っていた宇多天皇が、菅原道真の補佐役として保則を抜擢し、寛平の改革を始めたからである。

四　元慶の乱と蝦夷

（この章のはじめに）

この章では、本書のもう一つの主題である元慶の乱前後から十世紀半ばまでの北東北の状況、特にこの乱との関わりについて考えるが、前章の冒頭で述べたように、元慶の乱には蝦夷百姓によって記された史料がない。

俘囚はもとより、蝦夷も交易の必要から当然文字を使用した筈だが、彼らが記した文字史料は墨書土器などの断片的なものを除き、今のところ発見されていない。被抑圧民の文書が発見されるのは極めて稀だとはいえ、この乱の分析も支配者側から見た一面的なものにならざるを得ず、謂わば片手落ちの状態である。

そこで発掘調査による考古資料に依拠して蝦夷百姓の状況を考えることになるが、そこには一長一短が存在する。例えば蝦夷の村の生活実態や生産手段などについては、文献史料以上の材料を与えてくれるが、蜂起した蝦夷百姓が秋田河以北の独立を掲げるに至った理由やそれを全村の合意にまとめあげた経過、また秋田から遠く離れた米代川奥地の鹿角までが蜂起に加わったのは何故か、といった問題を考古資料から解き明かすのは容易ではない。

また考古資料の解釈では、立脚点が違うと全く異なる結論になるという問題も起こり得る。とりわけ秋田の古代史にはその傾向が強い。例えば五城目の石崎遺跡や鷹巣の胡桃館《くるみだて》遺跡を、朝廷側施設と見るか蝦夷のそれとするかによって、歴史認識は大きく変わることになる。

このうち石崎遺跡は、発掘区域が少なく状況が充分に判明しない状態にも関わらず、秋田郡衙説が優勢になっているように見える。これには四百メートルを越える柵列の存在が影響していると思うが、しかしこの主張には重要な要素が欠落している。日本三代実録にある元慶の乱の記述である。

無論、正史にある奏言や勅符が、総て真相を表わしている訳ではない。それは小野春風が対馬に派遣された経過を見ても明らかで、大宰府の奏言には保身のための虚偽の記述が満載されていた。しかし元慶の乱の記述、特に藤原保則が彼我の状況を記した部分に誤りがあろうとは思えない。それは戦闘状況の分析を報告したもので、蜂起した蝦夷の村や向化三村について虚飾を施す必要は全くないからである。

保則が七月十日条で報告した蝦夷十二村は郷ではなく、明らかに蝦夷の村で、秋田郡には属していない。「城下」という表現は、秋田城が管轄すべき地域の意であって、支配地の意ではない。元慶の乱の記述で最も大きいのは、朝廷が直接統治する地域と、蝦夷が支配する奥地と呼ばれる地域との境が、ほぼ特定できたことだとすら言ってもよい。しかし、この記述は時として無視されている。

そこで本論に入る前に、この十二村と秋田郡との境を推論しておこう。

三代実録に表われる蝦夷十二村は、焼岡村以北になるが、この焼岡村は金足の高岡と推定されている。すると秋田郡との境は、その南ということになる。

高岡の南に小泉潟があり、その更に南には笠岡の丘陵があって、その間に新庄の平地が広がっている。笠岡の丘陵に沿って流れる新城川水系には、右馬之丞《うまのじょう》遺跡や五十丁遺跡の窯跡があり、これは秋田城の補修瓦を焼いた窯跡と考えられているので、この新城の平地までを秋田郡の範囲とするのが順当であるかもしれない。とすれば、秋田郡と蝦夷支配地との境は、小泉潟ということになる。

従って「秋田城炎上」の項で述べた、五城目町石崎遺跡を秋田郡衙とする説は成立し得ないことになるが、何故かこの三代実録の記述は省みられることがなく、今ではこの説が定説のようになっている。

石崎遺跡が秋田郡衙であれば、三代実録の記述は誤りということになって、秋田郡の範囲はずっと拡大し、五城目町を包含する広大な地域ということになる。しかし藤原保則がそのように奏言している以上、これが誤りであるとは思えない。

五城目町には石崎遺跡の他にも多くの遺跡があり、元慶の乱当時の北東北の状況を推し量る上で、貴重な遺跡群が集中している。元慶の乱の記述どおり、これが蝦夷の村であることに確信が持てれば、蝦夷俘囚の生産力についての認識は大きく変わることになろう。そこでまず石崎遺跡について述べ、三代実録の記述に照らして、それが秋田郡衙であるかどうかを検証する。それから順次、五城目町や北東北の各遺跡に触れたうえで、北東北の変貌について言及していきたいと思う。

（一）五城目町遺跡群

a　石崎遺跡と秋田郡衙説

五城目町を流れて八郎潟に注ぐ馬場目川は、古代に大河《おおかわ》と言われた川で、叛乱した蝦夷十二村の一つ大河村はここにあった。その馬場目川の間近に石崎遺跡があるが、この川の旧河道は今よりも一キロほど北に上がった野田の辺りを通っていたという。

石崎遺跡の発掘は一九六七年が初めで、一九七二年、一九七三年と三回行なわれ、いずれも調査団長は高橋富雄氏が務めた。既述しているが、石崎遺跡を初期秋田城で後の秋田郡衙と提唱したのは、この高橋氏である。

この三次に渡る発掘調査報告は実見できなかったので、記述はもっぱら「五城目町史・古代編」により、一次調査については「秋大史学15」も引いている。

この遺跡の主要な遺構は、柵列と櫓跡である。はっきり確認された柵列は南辺で、四百四十六メートルに及び、一度作り替えられて築地塀に変わっているという。

石崎遺跡に立つ説明板には、この柵列を「一辺約四五〇米の方形の古代城柵跡」と表示しているが、確認されているのは南辺の柵列と南東隅、南西隅の位置、東辺と西辺のごく一部で、北東隅と北西隅や柵の内部は未確認のままだ。従ってこの遺跡が方形を為すかどうかは、まだ不明である。

南辺からは彎曲して配された三本の柱を中心として、その外側に大小の柱を配した櫓跡と思われる柱跡が二ヶ所出ている。西辺からも南西隅から二十三メートルの所で同様の遺構が検出され、一九六八年三月に「秋大史学」に掲載された調査概報は、円堂風櫓跡と推定している。

高橋富雄氏は、この櫓跡を烽火台を兼ねた熢櫓跡としているが、これは少し疑問だ。櫓跡は南辺から二ヶ所、西辺から一ヶ所出ているから、四百七十メートルほどの範囲に三ヶ所もある。烽火台がこんなに近接して置かれるとは思えないので、秋大史学が言うように、今のところは円堂風櫓跡としておく方がいいように思う。

五城目町史はこの柵列と築地について、「発掘によると、列柱・櫓の杉丸太は巨大であるが、柱間にある柵や逆茂木は脆弱」「一部発見された築地も防備には不適当」と記している。これは秋田城などの柵列と比較してのことなのだろう。

出土した土器は土師器よりも須恵器が多いと五城目町史は述べ、秋大史学も「土師器は須恵器と同伴して出土した」としているから、須恵器が主だったのだろうが、一次調査では完形品がなく、破片のみであったという。

秋大史学は底面に糸切り跡のある皿の破片や刷毛目文のある壺の破片、内側に敲目文（青海波文）のある壺の破片などをあげたあと、出土した須恵器・土師器の年代を平安初期から中期とした。

五城目町史は、その青海波文の甕や三次調査で出土した完形品の土師器六点のうち刷毛目文や底部をへら切りした土師器、それに黒色土師器を奈良後期の遺物としている。

他の出土遺物には、発掘調査以前に取得されていた墨書のある須恵器皿があり、一次調査では円面硯に足の付いた破片も出た。

五城目町史はこれらに加えて、墨書土器や木簡風の木片を上げているから、これらは二次三次の調査によるものであろう。同町史は墨書土器の書体から「七」は平安初期、「上」は中期、「午」は後期としているが、一点ずつの墨書土器だけで、そう断定してよいものかどうかには疑問が残る。

また一次調査で長さ三十から四十センチ、幅二センチの酸化した鉄片五、六本が発見されて、これは刀剣と考えられ、甲（鎧）の一部とみられる彎曲した鉄片も出土している。この鉄製品に関連するものとして分銅型の砥石も一点出土した。

これらは石崎の柵に武装兵がいたことを傍証するが、石崎遺跡が秋田郡衙か蝦夷の柵かの判断によって、それが秋田城兵士のものか在地蝦夷の武装によるものかが分かれることになる。

柵列南西隅からおよそ五十メートル離れた遺構外の所から、加工された器材が多量に出土している。なかに柾目材を一・八メートル（六尺）間隔に置いたものが四本あり、五城目町史はこれを平安中期より下るものとして、平安末期の器材集積所と推定した。

五城目町史は結論として、一期の柵列を奈良後期乃至末期から平安初期、二期の筑地塀を平安中期から平安末期として、一期と二期の境を元慶の乱に置いている。

しかし、建て替え時期はいいとしても、柵の初期と終期は、断定するには早すぎるのではなかろうか。柵の内部はまだ未調査だからである。

また一次調査によるものではあるが、秋大史学はこの遺跡を平安初期・中期の遺跡としており、既に述べたことだが秋田城発掘調査事務所の小松正夫氏は、石崎遺跡からは奈良時代の遺物がほとんど出土していないため、平安時代の遺構としている。確かに四点ほどの須恵器・土師器だけでは、後代での混入も考えられ、根拠とするには弱い気がする。

秋大史学と共通する平安初期・中期はいいとしても、初期を奈良後期乃至末期とし終期を平安末期まで延長するのはどうだろうか。柵外の器材集積所は石崎遺跡とは関係なく、後に置かれた施設であるかもしれないからである。

この遺跡の初期と終期はまだ未確定として、柵列内部の調査がされるまで保留しておくべきではないかと思うが、現在水田となっている柵の内部を調べるには、かなり時間がかかりそうである。

以上、石崎遺跡の所見を紹介した。そこに見られるように、石崎遺跡の柵列は一辺だけとはいえ、四百四十六メートルにも及び、確かに城柵の雰囲気を感じさせる。それが高橋氏に初期秋田城説や秋田郡衙説を提唱させた根拠であろうと推測するが、果たしてそれが正しいと言えるのだろうか。次に三代実録に基づいて、この説を検証してみよう。

三代実録の記述から、秋田郡衙の位置を推定するため、まず乱勃発時の出羽守藤原興世の奏言を再掲する。

元慶二年（八七八）三月二十九日条

出羽守藤原興世の奏言。

「夷俘叛乱。今月十五日秋田の城ならびに郡院の屋舎、城辺の民家を焼き損なう。仍って且つは鎮兵を以て防守し、且つは諸郡の軍を徴発せり」

秋田城襲撃は十五日、つまり満月の日に行なわれた。秋田平野南端の高台にある秋田城から見れば、北から進軍してくる軍勢は一目瞭然に捉えられる。それ故蜂起した民は、月明かりで行動できる日を選び、松明を用いずに行軍したのだろう。とすれば襲撃は深夜か早朝である、という推定は「秋田城炎上」の項で既に述べている。

では、この襲撃を知った出羽国府はどうしたか。この三月二十九日の同日に陸奥国府に出された勅符には「出羽国の今月十七日の奏状を得て称《もう》す」とある。すると十五日の襲撃を、まず秋田城司が馬を飛ばして出羽国府に告げ、それによって国府から奏状を携えた伝馬が出たのが十七日ということになる。この間わずか二日である。

実質的には襲撃を受けて応戦し、敗れて退いた秋田城司が襲撃を報じる馬を出せたのは、早くても翌十六日の朝方であろう。出羽国府は山形県酒田市の城輪柵にあり、如何に伝馬を乗り継いでも、その日の内に報せが国府に届いたかどうかすら微妙な距離だ。当然のことに国府が秋田の状況を再確認する時間的余裕はなく、国府は秋田城司の報をそのまま京に告げるしかなかった筈である。

五城目は秋田城から山を挟んで、直線距離でも二十五キロは北に離れ、無論秋田城からは見えない。城を襲われている秋田城司が、五城目の状況を知ることはできず、仮に五城目の郡家から使いが出たとしても蜂起軍の中を突破しなければ秋田城には辿り着けない。その頃には秋田城司は逃げまどい四散していただろうから、とても報告を届ける訳にはいかなかっただろう。

そうであれば奏言にある「郡院の屋舎、城辺の民家を焼き損なう」の情景は、秋田城司が城から見た光景に他ならず、秋田郡家は秋田城から視認できる範囲ということになる。とすれば、その位置は少なくとも秋田平野の内でなければならない。

また四月四日条には、小野春泉と文室有房が秋田城に入って合戦し、敗北したことが記され、そこには「城北郡南の公私の舎宅皆悉く焼け残し」とあった。

彼らは秋田城で戦い、敗れて退いた。つまり秋田城から先へは行っていない。とすれば、この情景も秋田城から展望できる範囲のことになり、五城目の状況が確認できている訳ではない。

従って「城北郡南」の解釈は、自ずと限定される。秋田城は雄物川河畔の高台、秋田平野の南端にある。この城の北から郡家の南までが焼け尽くしたのなら、考えられる結論は一つしかなく、それは郡家の位置が秋田平野北端の山際にあったということである。「城北郡南」とは、城から見える平野の南から北の端までが、みな焼けたの意味で、これから見ても秋田郡家は秋田平野の内であり、五城目ではない。

では何故この記述が多くの研究者に触れられず、無視されるのだろう。五城目町史は、石崎遺跡を秋田郡衙とする高橋富雄氏の説明として、「秋田城の北にこのように本格的に構えられた古代城柵としては、元慶二年紀に『秋田城の北』と示されている秋田郡院のほか、考えようがない。これを即座に古代秋田郡衙址と推定した」という一文を載せている。

つまり、「城北郡南」の記述は正当としつつも、発見された石崎の城柵を秋田郡院に当て嵌めることだけをして、地理的矛盾や郡院焼亡などの記述を検討から外しているのである。

その点五城目町史は、高橋説を取って石崎遺跡を秋田郡衙と考えてはいても、高橋氏よりは冷静で、三代実録にある「郡院の屋舎、城辺の民家を焼き損なう」の記事との矛盾を認めて、次のように言う。

「石崎遺跡の発掘、中谷地遺跡の発掘で、柵・烽櫓・建物・塀が確認されているのに、ひとつとして焼けたと思われるものや戦いの跡は発見されていない。史実とされる記録と、発掘調査との落差をどうするかという大問題は今後の課題として残る」

これには石崎遺跡発掘以降、諸遺跡が次々に発掘され、その研究成果が出されていることも影響しているのだろうが、この町史の記述は、将にそのとおりである。

石崎遺跡であれ、これから述べる開防・貝保遺跡であれ、五城目町出土で平安時代初期から中期の遺構と考えられるものからは、全く火災の痕跡が見つかっていない。

だが一方、同日に焼けたとされる秋田城跡からは、元慶の乱の火災の痕跡が発見され、三代実録の記述を裏付けている。これは五城目町遺跡群に火災の痕跡が見られないこととの大きな違いである。秋田城焼亡が事実なら秋田郡院焼亡も事実の筈で、これからしても石崎遺跡は秋田郡衙ではない。

さて秋田郡と蝦夷支配地の境については冒頭に述べているが、その三代実録の記述が無視されていることについて、少し付け加えておきたい。

三代実録で賊地とされた十二村は、みな「村」と書かれ、「郷」ではない。大河もその一村で、これは十二村が編戸の民の郷ではなく、蝦夷俘囚の村であったことを示すものだが、この記述もほとんど取り上げられていない。

十世紀前半に編纂された倭名抄には、秋田郡五郷として「率浦《いさうら》」「方上」の名が見え、この二郷は元慶の乱での蝦夷の村「大河村」「方上村」と断定してよいと思うが、倭名抄は九三〇年代の編纂で、元慶の乱より五十年ほど後のものになる。

この率浦郷と方上郷が、元慶の乱当時に存在していたものなら、奏言した藤原保則がその名称を使わない筈はなく、大河ではなく率浦としただろうし、村ではなく郷と記したに違いない。つまり、元慶の乱の当時、五城目はまだ率浦郷ではなく、大河村だったということである。

従って大河村は、朝廷の観念として秋田城施政下と目されたにしろ、秋田郡には編入されてはおらず、蝦夷ではなくとも俘囚の村で、郡家を置けるような場所ではなかったということになる。

以上の状況を考えれば、石崎遺跡は秋田郡衙ではあり得ず、三代実録が記述するように、賊地十二村の蝦夷・俘囚の村であるということになる。従って如何に長大な柵列があろうとも、それは朝廷が造ったものではなく、蝦夷・俘囚の柵だと考えねばならない。

だがその事実と、大河村と秋田城との関係がどうであったかは別物で、ここに村ができて以降、大河村がどのような変遷を辿って最後に叛旗を翻すに至ったのかは、これから考えねばならない。それは正史には記述されないから、五城目町遺跡群から推測してみよう。

b　開防・貝保遺跡

　この二つの遺跡は、大河村の生産力を判断する上で非常に重要である。石崎遺跡の北六百メートルほどの所に隣接して存在し、ほとんど一つの遺跡と言ってもいいくらいで、遺構や遺物も類似している。開防《かいぼう》遺跡からは平安時代の掘立柱建物跡二十二棟や炭窯七基、鍛冶炉跡四基、井戸跡一基、四列の柱列跡などが出、貝保《かいほ》遺跡からは掘立柱建物跡一棟、鍛冶炉跡一基、井戸跡一基に二列の柵列などが出土した。

　特に重要なのが、開防遺跡C地区の製鉄関連捨て場と名付けられたＳＳＴ18で、ここから百点以上に及ぶ多量の炉壁や鉄滓、土師器が出ている。特に中央の径一メートルほどの範囲からは、五センチほどの厚みのある大型の炉壁が重なるように発見された。

　また同様な遺構はＳＫ40にもあり、ここからも炉壁や鉄滓が多量に出土し、鞴《ふいご》の羽口も十点見つかっている。

　炉壁は製鉄炉に張られるものだから、当然鉄生産が行なわれていたと考えられるが、製鉄炉はまだ発見されていない。この生産工房は、かなりの面積を有すると思われるので、発掘が可能であればいずれ製鉄炉が見つかるのではないかと期待している。

　開防遺跡からは古代の竪穴住居跡も発見され、これは生産工房ができる前の古墳または奈良時代のものと判断された。

従って発掘調査報告は、開防遺跡を古墳時代・奈良時代の在地性の強い集落の跡に、九世紀初頭から計画的に営まれた生産遺跡とし、遺物を伴わない遺構もあるが、覆土の特徴から多くは平安時代に帰属すると考えられるという。

また開防遺跡の直近にある貝保遺跡からも鍛冶炉や鉄滓、炉壁が出て、開坊遺跡と同じような状況を呈している。発掘調査報告では貝保の遺構は年代不明なものを除けば、全て平安時代のもので、出土した須恵器、土師器の年代から九世紀から十世紀の遺跡であるという。

この両遺跡は、同じ生産工房の一画だったのだろう。開防遺跡からは多くの柱穴列や溝跡が見つかり、貝保遺跡からも柵列や溝跡が発見されているから、これらは生産工房を囲むか区切るかした遺構だと思われる。

開防・貝保遺跡は製鉄工房である可能性が高いが、それに関係しそうな興味深い記事を、五城目町史が載せている。石崎地区の農家が自家の水田から大量の砂鉄を採集して保存しており、石崎遺跡発掘の際には深さ一メートル余りの粘土層から、三十から五十センチの砂鉄の層が見つかったという。

これからすると馬場目川流域には、かなりの量の砂鉄があり、製鉄技術さえあれば原料は自前で賄えたということになる。製鉄炉はまだ未発見とはいえ、これらを原料として開防・貝保で製鉄が行なわれていた可能性は極めて高い。

この両遺跡は、古代の大河村が一大生産拠点だったことを示すに足るものだが、この村が蝦夷俘囚の村であることからすれば、これは秋田城による官製工房ではない。関市令《げんしれい》の規定からして、製鉄工房を北辺の蝦夷俘囚の村に置くことはあり得ないからである。また百歩譲って、石崎遺跡秋田郡衙説を取った場合でも、これは官制工房ではあるまい。陸奥を見ても、城柵の工房は柵の北にはなく、南に隔たった場所に設けられている。特に不穏な状態が長く続いた出羽では、安心して工房を設けられる場所は限定されよう。おそらく出羽国府があった庄内平野の南くらいしか該当する地域がなかったのではなかろうか。

この工房は九世紀後半から秋田一円に出回り始める鉄製品と関連すると考えられるが、それを明確に示す遺物はまだ出ていない。この鉄製品は元慶の乱前後の秋田の変貌に大きく関わると考えられるので、後に述べたい。

c　中谷地遺跡

石崎遺跡の東で発掘された中谷地《なかやち》遺跡は、ごく狭い範囲の発掘であったにも関わらず、九棟の掘立柱建物跡に四列の板塀、五列の柱列などが発見されている。

この遺跡の遺物には木製品が多く、丸木弓、木釘、漆刷毛、木製鋤などの武具・工具・農具の他、建築材である柱材や板材、橋脚や、土木用の杭・矢板などが出土しただけでなく、律令的祭祀具である斎串《いぐし》や形代《かたしろ》が多量に発見されてもいる。

形代には人形《ひとがた》・馬形・鳥形・刀形・刀子形・鏃形など多くの種類があって、旧河川跡から発見されたことから、祭祀のあと川に投じたものと考えられた。

この遺跡は掘られた範囲も狭く、謎が多い。祭祀用木製品が多いことから、祭祀場とする意見もあるが、木材加工や木工製品の製作工房だった可能性の方が高いのではないか。また次に述べるように、この遺跡の年代にも幅があり、遺跡の存続期間を特定するには、まだ資料不足であるかもしれない。

ここから出た六点の炭化材の放射性炭素分析は、千二百から千三百年前を示して、ばらつきが小さい。放射性炭素分析の基準年は一九五〇年なので、この値を当て嵌めれば、ＡＤ七五〇年から六五〇年の間ということになるが、最も多いのはその中間の七世紀第４四半期前後から末年の試料である。

出土土器類のうち非ロクロ成形で内面を黒色処理した土師器があり、秋田城跡出土の土師器の編年に照らし合わせて、これを八世紀後半と比定している。この時期の土師器は平底化が進み、外部の稜が消滅するが、それに相当する土師器が多かったからだという。

ただそれが多数だとはいえ、出土した土師器には古い形の丸底や丸底ぎみのものあり、また外面にも段や稜を持つ古い形式のものが含まれるというから、これらの土師器の初出は、少なくとも八世紀前半には遡り得るものであろう。

また河川跡で祭祀具と同伴して出土した須恵器は、秋田城跡の編年をあて嵌めれば、八世紀後半から九世紀後半に収まるが、もっとも量が多いのは九世紀第１四半期のものだとし、それ故木製祭祀具の年代も第１四半期を主体として九世紀前半に置いている。

つまりこの遺跡の始まりを放射性炭素測定に求めれば七世紀第４四半期前後の可能性が高く、試料となった炭化材から、木材加工はその時期から行なわれていたと推定され、八世紀後半には早くも秋田城跡と同系統の土師器を使い出していることが分かり、九世紀第１四半期には、律令的祭祀も取り入れていることが分かる、ということになる。

とすれば、この遺跡は石崎遺跡を初期秋田城とする高橋説の築城年である八世紀後半よりも先行し、それどころか高清水に出羽柵ができた七三三年よりも前から存在していた可能性が高い。

しかし一方で、この遺跡は九世紀後半には消滅し、十世紀の遺物を出さない。それは元慶の乱前後の時期にあたっている。近隣に拡大したという可能性と、この工房の職人集団がどこかに移動したという二つの可能性が考えられるが、発掘範囲が狭いため一概に断定はできない。

また五城目町には他にも、注目すべき遺跡がある。開防・貝保遺跡の北側にある野田で発見された北遺跡では、住居跡や十五基にも及ぶ井戸跡が出て、刀子、釘、鉄滓や羽口などの遺物も出土しているから、やはり鉄生産との関連が考えられる。

以上を総合して考えれば、大河村は木工、製鉄、鍛冶などの大工房だった可能性が高く、蝦夷俘囚の生産力は決して低いものではなかったことを実証している。また元慶の乱との関係で考えれば、この村は秋田平野に最も近い焼岡村からおよそ十二キロの距離にあり、乱のとき前線への武器供給地になったと想像することもできる。

d　岩野山古墳群

石崎遺跡や開坊・貝保の遺跡を作り、運営したのはどういう人々であったか。それに示唆を与えてくれる遺跡がある。石崎遺跡の東方三キロほどの所にある岩野山古墳群である。

この遺跡は古墳群とはいっても、墳丘が残っている訳ではない。削平された可能性はあるが、大きく土を動かしたとは見られないそうなので、集合墓のようなものであったのかもしれない。古墳とされたのは、A一号墳などの副葬品が、古墳から出土する遺物に類似するからであろうか。

五城目町史は、岩野山古墳群の記述を冨樫泰時氏の「日本の古代遺跡24秋田」に拠ったとしているが、確かにこの遺跡も石崎遺跡と同じく、国会図書館などに発掘調査報告が見当たらない。そのため本書の記述も同じ資料に拠っている。

岩野山古墳群の発掘は二つの時期に分けられ、最初の発掘は一九六一から三年に行なわれた。六基が報告されているが、五城目町史は、これに加えて、墳墓の数は三十基を超えていたという伝聞を載せ、「日本の古代遺跡」も未発掘の墓があることを示唆している。

A一号墳は粘土層の基壇のなかに土壙があり、その外縁部に溝があることから木棺が置かれていたと考えられる。副葬品として蕨手刀、毛抜形大刀、鉄製轡、刀子片2、滑石製石帯(石製銙具)が巡方《じゅんぽう》4・丸鞆《まるとも》6の計10、勾玉4に加えて、須恵器杯《つき》3、皿1、長頸壺1とあるが、刀剣や轡の数量の記載はない。

しかし「日本の古代遺跡」の図録を見ると、蕨手刀2、毛抜形大刀1、方頭直刀1と一部欠損した轡1が載っていて、数量は図録のとおりと考えられる。本文に直刀の記載がないが、これは書き洩れであろう。

秋田県文化財保護室の「秋田県遺跡地図情報」には、円頭大刀の記載がある。これは直刀のことではないかと思うが、大刀とするのはいいとしても、図録にある形状は円頭ではなく方頭に見える。

またA二号墳は土壙に割竹式木棺を置いたもので、副葬品は刀子1、雁股と平根の鉄鏃が各1、勾玉1と須恵器杯3、土師器杯1であり、A六号墳には、刀子3と石帯1があった。

副葬品と覚しき物が出たのは、この三基までで、残りの三基は、ほとんど土壙墓だと言っていい。出土品はA四号墳に土師器鉢1、須恵器杯1があるだけで、五号墳に土師器片、須恵器片が散乱していた他は、何も見当たらない。

「日本の古代遺跡」は、石帯に雑石が使われるのは七九六年（延暦十五）以降で、途中八〇七から八一〇年までは禁止され、八一〇年（延暦十九）以降復活したという阿部義平氏の見解に着目して、岩野山の石帯を八一〇年以降としている。

次の調査は一九七四年にA地区の西側（五城目町史によると北西斜面）で行なわれ、十二基の墓が発掘されて、Bの記号が付けられた。土壙墓九基に溝状遺構で囲まれたB一号墓・B二号墓・B十二号墓で、「日本の古代遺跡」はこの三基について、「方形あるいは不整の方形をなし、一見『方形周溝墓』のような遺構をなす」と記述している。

B地区の副葬品は少ないと述べられていて、唯一言及されているのは、二号墓の墓の上面にあった土師器杯だけである。この杯は、宮城県の「栗囲式」に類似し、秋田県出土のものは八世紀中頃とされているので、方形周溝墓的な墓も八世紀中頃かそれ以前と推定された。

「日本の古代遺跡」はB群の方形周溝墓的な墓を八世紀中頃前後、A群の石帯を九世紀前半とする他は年代に言及していないが、結論として、岩野山古墳群は現在のところ、八世紀中頃から十世紀まで継続する墓域と考えられると記述している。

多く見られる土壙墓は、方形周溝墓的な墓に続く総ての時期に営まれた可能性が大きく、未発見のものも残されていると考えられる。

以上、岩野山古墳群について概括したが、ここで述べた年代については、明確な裏付けがされていないという意見もある（昭和五十三年度後城発掘調査報告）。これは出土した土器類が少数で、土器編年に当て嵌めるには不充分だということかもしれないが、理由は明らかではない。

しかしその点で言うと、一点だけだが注目すべき土師器がある。墓域の遺構外で発見された口縁部と頸部に沈線文を持つ甕だが、この種の土師器は東北北部に特有のもので、口縁部から頸部の条痕は時代が下がるにつれて数を減らす。

後城遺跡のⅠ期にあたる八世紀半ば前後のものには、数条の段が見られ、これは沈潜文ではなく稜であろうが、これが次第に数を減らすのは同じで、Ⅱ期になると一条に減るとされているから、岩野山出土の土師器甕も後城Ⅰ期の年代と考えてよいかもしれない。

そうであれば、岩野山の最古の墓である方形周溝墓的な墓の年代は、指摘のとおり八世紀中葉に比定できそうだが、出土品が一点だけというのが難点である。

このように遺物が少なく、年代を断定するのは難しそうだが、取り敢えず「日本の古代遺跡」の記述どおりに、岩野山墳墓の変遷を整理してみよう。

①八世紀半ば前後

B群の方形周溝墓的な墓、三基

②九世紀前半

A群の副葬品を有する墓、三基

（副葬品からすると一号墳、二号墳、六号墳の順で年代が下がるか）
及び土壙墓
③九世紀後半から十世紀
土壙墓のみ

①の八世紀半ば前後は、天平や天平宝字年間にあたる。秋田に出羽柵が移された七三三年（天平五）のしばらく後で、七五九年（天平宝字三）に出羽に雄勝城、陸奥に桃生城が造られた頃である。

この後の八世紀後半から、陸奥出羽で宝亀の戦乱が始まり、七七五年（宝亀六）には出羽国府を移したいという奏言が出されている。七八〇年（宝亀十一）に陸奥で伊治公呰麻呂が按察使を殺した頃、出羽では雄勝や平鹿で蝦夷が蜂起して、大室の塞が落ち、由理の柵が孤立した。宝亀年間の秋田城移転論議もこの時期に起こっている。

つまりこの周溝墓的な墓が造られた直後から、宝亀の戦乱に突入し、出羽は騒乱状態となるのである。

だが一方で、秋田城が秋田平野以北の交易の拠点となり、国府になびいて俘囚となった蝦夷もいたという側面もある。それは七八〇年（宝亀十一）の移転論議のとき、秋田城下で暮らす狄志良須《しらす》と俘囚宇奈古《うなこ》が秋田城の放棄に反対していることからも推測できる。彼らはそれだけ秋田城に依拠して生計を立てていたということだろう。

五城目町史は、この二人が大河村出身ではないかと指摘しているが、このような伝承を拾えるのは、市町村史の面目躍如たるところだろう。

五城目町史は、これを秋田魁新報の分銅志静氏の一文から取り上げた。五城目町の中世館のなかに「シラス館」「オナゴ館」と呼ばれるものがあり、前者は前平山の砂沢城跡、後者は山内城跡で、ここからは中世の遺物だけでなく土師器などが出土するから、中世館の前に古代豪族の居館があったのではないかとして、このシラスは志良湏であり、オナゴは宇奈古の転化ではないかと考えた。

このような伝承は無碍に扱うものではないので、その可能性はあるとは思う。だが、町史が高橋富雄氏の石崎遺跡＝初期秋田城説を踏まえて、この二人が城下に住んでいると言っているから、初期秋田城は大河にあったとするのは賛同できない。その説が取れないことは、すでに述べているが、ここで「城下」の解釈について、少し付け加えておきたい。

元慶の乱で藤原保則が最初に発した七月十日の奏言には「秋田城下の賊地は」とあり、続けて叛乱した十二村の村名を上げている。十二村には米代川上流域の上津野村までが含まれるから、この城下の意味が戦国時代の城下のようなものでないのは明らかである。

朝廷の蝦夷対策が「征討」「斥候」「饗給」であることはよく知られるところで、このうち饗給の対象とされ朝貢交易の対象でもあった地域は、秋田城の管轄地という意味で、城下とされていたと考えられる。これはあくまで朝廷から見た概念であって、それからすれば奥地にあたる大河村も、秋田城と朝貢ないし交易の関係にあれば、城下の範囲に含まれることになる。

無論、大河村の首長層が秋田に出羽柵が移った頃から接触を始め、宝亀の頃には高清水の秋田城付近に館を設けていた可能性は否定しないが、ここでいう城下とは地理的な観念ではなく、「管轄地」

の意味だと考えるべきで、その点でも三代実録の記述は貴重である。

それはともかく、大河村がこの①の時期から秋田城司に接近を始めていたのは確実であろう。それは中谷地遺跡の土師器が秋田城跡のそれと同系統になることにも現われ、また九世紀前半に律令的祭祀を取り入れていくことにも通じている。

ところで、岩野山の初期の墓形は方形周溝墓と言い切ってもいいと思うが、抑も方形周溝墓は弥生時代に多い墓型で、有史以降のものは極めて少なく、東北にしか見られない。青森県の八戸や津軽、岩手県内陸部などにあり、秋田県では横手盆地に多く、南限は宮城県大崎平野である。従って東北にあるこの種の墓が、官人や柵戸の墓でないことは明らかで、これは蝦夷の墓制であり、方形周溝墓とみられる岩野山のものも、その一つだと考えられよう。

②の九世紀前半は、八〇二年（延暦二十一）に胆沢城が造られて陸奥が沈静化するも、出羽はまだ不穏で、八〇四年（延暦二十三）に秋田城が停廃されて、国府は河辺府に移る。しかしその翌年には徳政相論によって征夷戦が中止され、その後文室綿麻呂による無意味な遠征が起こるが、それを除けば陸奥出羽には大きな戦乱はなくなり、ともに沈静化していく時期にあたる。

この時期には蝦夷を懐柔するための政策が積極的に行なわれたであろうから、宝亀の頃から接触を続けていた大河村の首長層は、秋田城司との蜜月を迎えたと思われる。大河村は中谷地遺跡に見られる律令的な祭祀を取り入れるほど、朝廷側に結び付いていた。A地区の副葬品を持つ墓は、その証しであると言え、石帯や直刀は大河村の首長に公の称号や外位が贈られたことを示唆するものと考えられる。

しかしこの点については、発掘当初から言われている根強い説が別にある。A一・A二・A六号墳を秋田城官人の墓とする見解であり、「日本の古代遺跡」もこれを官人の墓としている。その根拠は石帯は官人が締めるもの、刀子は木簡・竹簡を削る官人の必需品、というところからきている。

しかし石帯は外位の官位を貰った蝦夷も締めることができ、秋田城と交易する蝦夷俘囚なら文字を書くから、当然刀子を持っていて不思議ではない。また抑も刀子は、小型のナイフのようなもので、弥生時代から存在しており、様々な用途に用いられている。木簡などを削るだけが目的の利器ではなく、官人だけが持つものでもないのである。

岩野山の墓域が蝦夷の墓所として始まったのは明らかだから、秋田城の国司を蝦夷の墓所に葬るなどということはあり得ない。第一この三基の被葬者は土葬されている。五城目町史も秋田城官人説を否定して、高位の官人は火葬して本貫の地に送る決まりで、地方の墓所に葬る筈はないとしているが、この見解の方が明らかに正しい。

ただ五城目町史と本書では、それ以外のところに違いがある。それは石崎遺跡の捉え方による相違である。既述したとおり、町史は石崎遺跡を延暦以降の秋田郡衙と考えるので、この被葬者は郡司となった在地豪族と推測するが、本書はこの首長層を郡司とはせず、秋田城司が懐柔の対象とした蝦夷俘囚と考えるという違いである。

さて、②の古墳的な印象を持つ墓は三基しか作られず。副葬品は徐々に貧弱になって、③の九世紀後半には皆無となり、以前の土壙墓に戻っていくが、それは九世紀第２四半期頃から始まる飢饉の頻発と無関係ではあるまい。八三〇年（天長七）の出羽大地震以降、出羽では不作が連続し、それはそのまま九世紀後半の天変地異続発の時期に繋がっていく。九世紀前半は、謂わばその前兆とも言える時期である。

③の九世紀後半には、天災・飢饉が蔓延する。八五〇年（嘉祥三）に出羽で大地震。八六九年（貞観十一）に陸奥大地震。八七一年（貞観十三）には鳥海山噴火と立て続けに災禍に遭っている。全国的にも天災と飢饉が広がる頃にあたり、出羽国府・秋田城司の暴政が始まって、元慶の乱へと繋がっていくが、その時期に大河村は、昔の土壙墓に戻っている。

この墓制の貧弱化は、大河村の生産力が低下したからではあるまい。開防・貝保遺跡は②の古墳的な墓の時期から始まり、十世紀中も続いていく。生産力の点でこの村が衰微したとは思われない。従って、この墓制の貧弱化は村の衰退を現わすのではなく、大河村が国府と距離を置き、墓制も旧に戻したと考えるべきではないかと思う。

最後に一つ、五城目町史の記述で気になることがあるので、それに触れておく。

Ａ一号墳の蕨手刀は古来からの蝦夷の刀で、毛抜形大刀はそれが進化したものだということは「蝦夷とアイヌ」の項で述べたが、五城目町史はこれを朝廷側の武器だとして、次のように言う。

「片手持ちの蕨手刀は、もう片方の手に楯を持って戦うためにつくられたものではないか。東北・

北海道に多く発見されているところをみると、蝦夷と戦うために開発された当時の新兵器だったのであろう」

しかし、これは間違いである。蕨手刀が朝廷側の新兵器であるなら、朝廷が侵攻しなかった北海道で出る筈がない。またこの刀の発生は古墳時代に遡り、朝廷の手が岩手や秋田に及ぶ前から存在している。

片手持ちの蕨手刀は片側に楯を持つためではなく、馬上で手綱を握る必要から生じたものと考えられ、弓馬戦を得意とする蝦夷に適した刀である。また毛抜形大刀は、蕨手刀が進化したものと考えられるので、Ａ一号簿から蕨手刀と毛抜形大刀が出たことは、この墓の被葬者が蝦夷であることを傍証するものではあっても、朝廷から授けられたとする根拠にはならない。

e　五城目町遺跡群の位置付け

では柵列を伴う石崎遺跡を、どう考えるべきだろうか。

前項で述べたように、大河村が蝦夷俘囚の村で、秋田郡の内でも秋田郡衙でもないということを踏まえれば、この柵を造ったのは大河村の蝦夷俘囚以外の何者でもない、という結論になる。このような結論を主張する研究者が誰一人としていなかったのは、蝦夷に城柵が造れる筈がないという先入観に捕われていたためではなかろうか。

しかし、蝦夷が柵列を伴う施設を造るのはあり得ないことではない。十世紀後半の防禦性集落を待つまでもなく、阿弖流為の本拠地と言われる羽黒山周辺にも、それを想起させるものがあった。掘跡が残るというのが事実であれば、当然柵列も想定される。村落が存亡の危機に陥れば、そのように防備を固めるのは当然であるとも言える。

前項で述べた五城目町遺跡群は、八〇四年（延暦二十三）に秋田城が停廃された前後から、大河村が変貌を始めたことを示しているが、秋田城との関係を強め始めたのは、この前段にあたる八世紀後半と推測される。

狄と記される蝦夷の志良須《しらす》や俘囚の宇奈古《うなこ》が大河村の者であったという、五城目町史の伝承をそのままには取らないとしても、八世紀後半の戦乱の時期に、大河村が秋田城の側に立っていたのは確かであろう。そうでなければ、九世紀前半の岩野山古墳群の副葬品や中谷地遺跡の律令的祭祀具が説明できないからである。

その八世紀後半に、出羽では蝦夷の叛乱が頻発した。出羽北辺にある秋田の更に北に位置する大河村は、当時の秋田には少ない朝廷派だったのだろう。九世紀初頭まで騒乱が収まらず、ついに秋田城が停廃して河辺府に移ることになった前後の時期、大河村は周辺の蝦夷の村から孤立していたという推測もできる。

大河村が石崎に柵を造ったのは、周辺の圧力から村を守るためだったのではないだろうか。秋大史学が指摘するように、この柵の始まりを平安時代初期と取れば、秋田城停廃の直前にあたる可能性もある。この柵は、官衙的な施設ではなく防禦のために村を囲い込んだようなもので、櫓台が近接して置かれ、柵列が長大になったのもそのためではないか。五城目町史が、秋田城に比べて柵列や築地が脆弱であると述べたのは、石崎の柵が朝廷側の城柵とは違うことを示している。柵の内部が発掘されていない現状では、これは全くの憶測にすぎないが、もしこれがあたっていれば、柵内には多くの住居があったと考えられる。

秋田の状況が収まるにつれて、大河村の首長層は恩恵を受けるようになった。外位の官位を与えられ、公を称するようになり、石帯を締めるようにもなった。それが戦乱後の九世紀前半の状況であろう。

また大河村は、従来から行なっていた木材加工に加えて、新しい産業、鉄生産にも手を染め始める。開防・貝保遺跡からはまだ製鉄炉は出ていないが、炉壁の状況から考えればその可能性は高い。ことによると精錬も行なっていたかもしれず、おそらくこの遺跡は鍛冶だけの工房ではあるまい。

大河村が九世紀初頭から鉄生産を行なっていたとすれば、今のところ北東北の北部で最も早い製鉄工房ということになる。北東北北部はこの後、九世紀中頃から製鉄遺跡が増えていくが、開防・貝保のものは半世紀ほど先をいっている。岩野山の直刀や石帯は秋田城から贈られたものだとしても、A一号墳の蕨手刀や毛抜形大刀、A二号墳の鉄鏃などは、開防・貝保遺跡で製造されたものではないかとも考えられる。

しかし、この遺跡には素朴な疑問が付きまとう。この遺跡が製鉄遺跡だとして（そうでなくても、鍛冶の大工房ではあろうが）、蝦夷の村がこのような工房を造るのを秋田城が咎めなかったのは何故かということである。

それを断定できるような理由は見つけられず、せいぜい推測を逞しくするくらいだが、それにはこの工房が造られた九世紀初頭という時期が関係しているかもしれない。それは秋田城が停廃された頃にあたるからで、石崎遺跡が造られたのもこの時期に合致する可能性がある。当時、周辺の蝦夷の圧力に抗して秋田城側に付いていた大河村は、城さえも守り難くなっていた秋田城司には頼れず、独力で村を守らねばならない状態に陥っていたのではないか。そのため大河村は柵を造ると通告し、合わせて鉄生産をしたいと要請したのではなかろうか。自前で武器を調達するためである。大河村を支援できる状況になかった秋田城司は、これを呑まざるを得なかった。大河村がこの当時の秋田には稀な国府派であったからであろう。このように想像を膨らませれば、製鉄のための技術者を派遣したのも秋田城司ということになるが、真偽の程は全く分からない。ただ平安時代の蝦夷支配地で、最も早く鉄関連施設を持ったのが大河村であるということだけは確かな事実である。

この開防・貝保の鉄生産工房が造られてから間もなく、出羽が沈静化する。その頃から秋田の蝦夷十二村は朝廷との対立抗争をやめて接近を始め、交易を行ない饗応も受ける方向に転換したのだろう。米代川以南で朝廷支配地と似た墨書土器や、官製品と思われる須恵器が散見されるようになるからである。

八世紀後葉まで敵対していた蝦夷がそのような態度を取り始めたとしたら、大河村は十二村のなかでの比重を増していったであろう。おそらくこの村が最も秋田城司との関係が深く、国府との仲介役としては最適だったであろうからだ。

ところが国府との蜜月のような期間は、そう長くは続かなかった。

八三〇年（天長七）に出羽で大地震が起き、この直後の承和年間から全国的に飢饉が蔓延し始める。それは九世紀半ばに出羽に及び、八四六年（承和十三）に飢饉にみまわれている。続いて八五〇年（嘉祥三）十月に多数の死者を出した大地震、八五五年（斉衡二）にも飢饉となった。

この頃の出羽国府は救済措置を執ってはいるが、八七一年（貞観十三）に鳥海山が噴火した以降はどうであっただろうか。藤原保則が奏言した「数年の弊」はこの頃から始まっており、飢饉・災害に合わせて出羽国府の暴政が行なわれ始めたのは、おそらくこの直後である。穀物生産が落ちた上に、秋田城司の収奪は激しくなり、そこに逃散した百姓が流れ込んだ。大河村だけでなく、蝦夷十二村全体が存亡の危機に立たされ、それが蜂起へと繋がっていったと考えられる。

この乱に向かう時期に、奥地の蝦夷の間でおそらく何かが生まれたのである。それが十二村の一斉蜂起に繋がり、秋田河以北の独立要求に繋がったに違いない。それが何かは不明だとしても、その要の位置には大河村がいたであろう。この時、大河村の生産力が十二村のなかでは最も高く、蜂起に際しての鏃の生産や馬匹などの供給力で抜きん出ていたのではないかと推定されるからだ。その点からすると、石崎遺跡で発見された刀剣や甲の一部の年代が気に掛かる。これが九世紀第４四半期のものであれば、元慶の乱の時、この村が蜂起軍の武器供給地であった可能性が高まるからである。

（二）胡桃館遺跡

この章の冒頭で触れたが、秋田北部には、石崎遺跡の他にもう一つ柵列を伴う遺跡がある。米代川流域の北秋田市鷹巣の胡桃館《くるみだて》遺跡である。ここは元慶の乱の時の榲淵《すぎぶち》村であり、それからしてもこの遺跡には興味が引かれるが、石崎遺跡がそうであったように、この胡桃館についても朝廷側施設とする見解はやはり根強い。本書はこれも蝦夷の遺跡と考えるので、蝦夷の復興を考える前に、胡桃館遺跡が蝦夷の遺跡であるかどうかの検討をしておきたい。

この遺跡はシラス洪水に埋没した状態で発見され、日本のポンペイとして名高くなった。シラス洪水とは、十和田火山の大噴火によって起こった火山性泥流で、この噴火は十和田の御倉山火口で起き、毛馬内火砕流が米代川を奔って、河口の能代にまで達した。これをシラス洪水と呼び、この噴火によって堆積した火山灰は十和田ａ火山灰（Ｔ―ａテフラ）と言われる。シラス洪水の堆積土は厚く、中流域の大館市で二メートルもあり、その下流に位置する胡桃館遺跡は一・三メートルのシラス層に埋まっていた。

日本の正史は三代実録を最後に編纂されなくなるため、この噴火は正史にはないが、扶桑略記の延喜十五年（九一五）七月五日条に、「卯の時、日輝きなく、其の貌月に似る」とあり、十三日条には、

「出羽国言上、灰雨り高さ二寸。之に由り諸郷の農桑、枯れ損なう」とあるので、これが十和田噴火を表わすものと考えられている。

またこのシラス洪水の直後に朝鮮半島の白頭山でも大噴火が起き、火山灰は白頭山に発して、日本海の海底に厚い堆積層を残した。その灰が苫小牧にまで達しているため、これを白頭山―苫小牧火山灰（B―Tmテフラ）と呼んでいる。

この噴火には確定的な文献がなく、発生年は特定できない。だが北東北北部、特に米代川流域の地層には、シラス洪水のT―aテフラのすぐ上部に白頭山火山灰のB―Tmテフラの堆積が見られるので、十世紀半ばもしくはその直前と考えられている。この二つの火山灰の層は、北東北北部から出土する遺物の年代比定にとって、欠かせない目安である。

さてこの胡桃館遺跡からは、柵列を伴う掘立柱建物四棟がシラス層に埋まった状態で出土した。現存する寺社などを除けば、当時の建築材が確認できる貴重な遺跡で、更に近年行なわれた地中探査では、まだ数棟の建物らしきものが埋まっている可能性があるという。

ここから、①表裏に墨書のある一辺二十二センチほどの正方形の板、②墨書のある扉板、③文字の書かれていない十センチ四方の板複数枚が出土している。

①の墨書のある正方形の板は、分類としては木簡になるが、よく出土する短冊状の木簡とは著しく形状が異なり、このような木簡は他に例を見ない。

この墨書は非常に読みづらく、裏面は全く読めなかったが、苦心の末表面はかなり判読された。一行目に「月料給出物名張」とある。「張」は「帳」の誤字だろうから、米の供給控えのようなものであろうか。二行目には「米一升　玉作□□」と記され、以下米の数量と人名が記載されている。人名には、和尓部《わにべ》、丈部《はつせべ》、伴、土師などがあり、これは柵戸の氏にもなり得るが、俘囚が氏としていても不自然ではないものである。

一方、②の扉板には「七月十六日自誦奉経」とあり、誦された経巻の巻数が記されている。年は判読されなかった。

山本崇氏はこれを、噴火が起こった延喜十五年のものではないかと推測した。十和田火山の噴火があったのは、この年の七月五日かその直前で、七月十六日はおよそ旬日後にあたるから、噴火の沈静化を願って行なわれた誦経ではないかという推測である。

しかしこの山本氏の推論は取り難いのではなかろうか。胡桃館の埋没建物を襲ったシラス洪水は二回あったことが分かっており、一回目で建物の下部が埋まり、二回目で上部の屋根などが破壊されたと考えられている。一回目の泥流で下部全体が埋没した建物内で、誦経をするのは無理であろうから、この誦経はシラス洪水の前年以前に行なわれた可能性の方が高そうである。

さてこの二つの墨書板のうち、この施設の位置づけとして問題となるのは、①の物名帳の方である。この板書に玉作と伴の氏があることから、秋田城支配地が拡大したと考える研究者が少なからず存在し、特に木簡研究者には多い。

その根拠は、元慶の乱での向化三村の長に玉作正月麻呂がおり、戦死した官軍側に最上郡擬大領の伴貞道と俘囚の玉作宇奈麻呂がいたことに拠っている。米代川流域に秋田城の手がおよび、それに伴って南にいた俘囚が北に移動したとするのである。前述の山本氏もそのような推測を述べ、熊田亮介氏は更に進んで、胡桃館遺跡が出羽国の出先機関であった可能性に言及している。それには柵で囲まれた掘立柱建物が、朝廷側施設を連想させ、物名帳のような帳簿は朝廷官吏の記したものであって、蝦夷の遺物ではないという観念も働いているのかもしれない。

しかし、この遺跡を朝廷側施設とするのには疑問がある。

まず①の板状木簡に類似するものが、他地域からは全く出ておらず、③の墨書のない木簡の形状も胡桃館遺跡にしか見られないことだ。③の木簡は十センチ四方という特異な形状をし、板の四隅には孔があって木釘が付いたものがあることから、これを荷札とする説があるが、確かにそのようにも見える。①③のような朝廷支配地には見られない木簡が存在すること自体が、抑も朝廷側施設の説を否定していよう。

また土器についても疑問がある。

胡桃館遺跡の第三次発掘調査報告書には、出土した土器類はきわめて少なく、破片も含めて九十点余、復元可能なものは三十二点ほどとある。この土器類には椀が多いが、多数を占める須恵器は焼成がもろく、胎土には砂礫が混入していた。また漆塗りされた椀もあったが、その塗りも甘いものが多いという。

これらの須恵器のなかに、一点だけ焼成も胎土も良質な椀があり、同じ器形のものが男鹿半島脇本の埋没家屋から三点出土しているので、これは祭祀用の特別な椀かと推測されている。

この一点の須恵器と同様に、焼成・胎土ともに良好な墨書土器が、破片も含めて四点発見された。底部の墨書がはっきり読めるのは「守」で、「寺」に似た字が書かれた二点は左右いずれかが欠けているため、寺とは断定できないとされている。左側が欠けたものは寺とはっきり読めるが、偏があった可能性があり、右側が欠けたものは字体が崩されていて旁によっては異字の可能性があるからであろう。もう一片の字形は「木」か「不」か判然としない。この「守」など三種類の字型は、県下の墨書土器には全く見られないものだと指摘されている。

さてこの土器類から、どんなことが読み取れるだろうか。

まず出土した須恵器は一点を除けば明らかに在地の土器であり、榲淵村の蝦夷の手によるものだろう。須恵器一点と墨書土器四点はそれらとは作りが違い、官製品であるようにも見える。しかしその数はごくわずかで、九十点のほとんどが在地製の土器がである状態は、朝廷支配地の様相とはかなり異なっている。

また加えて、この須恵器一点は官製品でない可能性もある。先に述べたように、この須恵器は腋本の埋没家屋出土の三点と器形を同じくするとされているが、腋本埋没家屋の須恵器は、若美町海老沢窯跡遺跡の登り窯で焼かれたとする説が強い。この若美町付近は元慶の乱での腋本村と推定され、この窯の稼働年代は九世紀後半から末年なので、元慶の乱の前に操業を始め、乱の後あまり間を置かずに生産を終えている。

従って、胡桃館の須恵器が海老沢窯製だということになれば、この須恵器も官製品ではなく、蝦夷の須恵器であり、単に腋本村の製品の方が榲淵村のそれよりも優れていたということにしかならない。

更に埋没した建物群の配置や柵列の造りも、朝廷の城柵のそれとは全く異なっている。建物は国衙や城趾のような整然とした配置ではなく、床面は高床のものもあるが土間になっているものもある。

また柵列のうち柱に穴を開けて横木を通した柵は、弧状をなして東西に八十メートル以上伸び、この柵に直交する柵は割木を横板として葛《かずら》で結び、不規則に曲がりながら三十メートル以上に及んでいる。しっかりした造りの柵に粗雑な柵が組み合わされている状態である。

これらを見れば、胡桃館遺跡は明らかに蝦夷による建造物であり、国府の出先機関だとする根拠は極めて乏しい。

またその推定は、扶桑略記の十和田火山噴火の文言からも覗える。九一五年七月十三日条にある「出羽国言上、灰雨《ふ》り高さ二寸。之に由り諸郷の農桑、枯れ損なう」という奏言からは、出羽国府が知ったのは降灰だけで、米代川の状況を把握できていないことが見て取れる。胡桃館遺跡が朝廷の支配下にあったのなら、シラス洪水による惨状が報告されていた筈である。

従って、これらの状況からは、熊田氏が指摘する秋田城の出先機関である可能性は、ほとんど考えられない。

また玉作や伴の氏についても、最上郡や向化三村俘囚の北進説とは異なる仮説が可能だろう。まず考慮しなければならないのは、肝心の米代川流域住民の氏が全く分かっていないことである。正史には北東北北部の俘囚や蝦夷の氏や名は載っておらず、元慶の乱の記述にも十二村住民の名は表われない。また秋田山形両県から出土した木簡で居住地が判明しているものには、十二村の地域が一つもない。つまり、玉作や伴の氏を持つ俘囚が榲淵村や火内村にいなかったとは言い切れない。そうである以上、氏だけで南の俘囚の進出と推定するのは早計であろう。

元慶の乱の項で述べたが、乱が始まる前から百姓の逃散は始まっていた。当然蝦夷や俘囚も流動化していたと推測される。後に述べるが、元慶の乱前後には大きな人の移動があり、それは百姓だけでなく蝦夷俘囚にも起こった現象だったと考えられる。従って、この玉作や伴が米代川流域の俘囚の氏ではなかったとしても、この地域に逃げ込んできた百姓または俘囚の氏であるかもしれず、その可能性は朝廷支配が及んだと推論するよりも、遙かに高いであろう。

以上から考えれば、この柵列と建物群は、檻淵村の蝦夷が生産物管理のために造った施設だと推測される。この遺跡の物品はシラス洪水の泥流によって大半が流され、そのため遺物が少ないのだろうが、それでも埋没家屋には、倉庫もしくは集積場と思われる建物や、物品管理を行なっていた建物と推定されるものがある。板状木簡はその記録であろうし、荷札と思われる無地の木簡からもそのように察せられる。柵列があるからといって、それが朝廷側の造作と限らないのは、石崎遺跡と同様である。

（三）蝦夷の復興

九世紀後半から、北東北の北部一円に大きな変化が起きている。製鉄工房と須恵器工房の急激な増加と大規模な人の移動である。このうち製鉄工房と須恵器工房の増加には、胡桃館＝秋田城出先機関説と同様な主張があり、元慶の乱で蝦夷が敗北したことにより、秋田城の影響力が拡大したとする。

しかしこの現象の始まりは元慶の乱より先行し、九世紀中頃には始まっているから、元慶の乱の結果そのものには関わりがない。この生産力の急激な膨張は、元慶の乱を挟んで十世紀半ばまで、およそ一世紀に渡って続いていく。とすれば、これは蝦夷が奪われていた鉄生産を取り戻し、須恵器生産の技術を新たに取得したということであって、謂わば蝦夷の復興と朝廷支配の衰退を示すものだと考えるべきではないか。事実、十世紀半ばには秋田城そのものが廃城となるが、丁度その時期までこの現象は継続するのである。

この章の冒頭に「蜂起した蝦夷百姓が秋田河以北の独立を掲げるに至った理由やそれを全村の合意にまとめあげた経過、また秋田から遠く離れた米代川奥地の鹿角までが蜂起に加わったのは何故か、といった問題を考古資料から解き明かすのは容易ではない」と述べたが、元慶の乱での蝦夷の行動には、この生産力の膨張と人の移動とが大きな関わりを持っているのではないか。それらの疑問に正答は与えられなくても、推測しうる手段にはなるのではないか、と考えている。

以下、九世紀後半から十世紀半ばまでの蝦夷社会の変貌について述べる。まずは鉄生産工房からである。

a　急増する製鉄遺跡

秋田県の古代製鉄遺跡は今のところ十八ヶ所で確認されているが、秋田平野以北のものがほとんどで、南側で発見されたのは由理柵があったと考えられる由利本荘付近の湯水沢遺跡しかない。四基の製鉄炉が出ているが、放射性炭素測定ではいずれも十世紀以降で、うち三基は十一世紀の値を示している。

秋田平野近辺では、上北手の諏訪沢遺跡で二基の製鉄炉が発見されている。製鉄と精錬が行なわれていたようで、時期は九世紀後半から十世紀始めである。またかつての河辺郡にあたる御所野台遺跡群の坂ノ上E遺跡でも一基の製鉄炉が出ているが、これは縄文遺跡の中にぽつんと存在する炉で、年代比定が難しい。少なくとも九世紀後半以降で、十一世紀とする見解もある。

この二ヶ所を加えても朝廷支配地での製鉄遺構は三ヶ所に留まり、十五ヶ所が蝦夷十二村のなかに集中していることになるが、秋田城外縁部の三ヶ所は、のちに述べる秋田城の支配力の衰退に伴う蝦夷の炉と思われ、官制工房とは思えない。いずれにせよ製鉄遺跡は蝦夷地域が圧倒している状況だが、ではその蝦夷地域の製鉄関連遺跡のいくつかを南から北へ追ってみよう。

方上村があった昭和町の後山遺跡からは、九世紀後半の羽口が発見されているから、製鉄か鍛冶がされていたと思われるが、炉はまだ発見されていない。

五城目町大河村の開防・貝保遺跡の製鉄の可能性については、既に述べている。九世紀初頭からという最も早い時期からの工房で、製鉄炉は未発見だが、この大河村の北になる旧琴丘町（三種町）ではいくつもの製鉄炉が発見されている。

この琴丘周辺は八郎潟間近まで丘陵が迫って、平地が少ない。集落を拓くには難しい土地だったと思われ、蝦夷十二村の推定地もここには存在しない。従って、この地域の製鉄工房は大河村の人々が運営したものという可能性も考えられる。

三種町琴丘の泉沢中台遺跡では、九世紀中頃から十世紀前半まで製鉄を行なった三基の製鉄炉が確認されている。これには銑鉄から鋼を精錬する炉との推測がある。

琴丘にはいくつもの製鉄炉が点在するが、そのなかで最も規模が大きい盤若台《はんにゃだい》遺跡からは、製鉄炉が十四基出土し、排出された鉄滓は十トンを越えている。この十四基の炉には精錬炉が含まれる可能性があるという。発掘調査報告ではこの炉の最下層にあった土師器の編年を基に九世紀後半から十世紀前半の年代を与えている。ただC14測定は、これとはかけ離れて十一世紀を示したという。これには測定精度の問題があるのかもしれず、ここでは調査報告の結論を尊重したい。

能代市の十二林遺跡は特異な遺跡で、ここからは二基の製鉄炉と須恵器窯一基、土器焼成遺構十四基、炭窯一基が出土し、製鉄と須恵器・土師器の焼成が行なわれていた。しかし不思議なことに時期が微妙にずれている。

土師器の焼成は継続されたと思われるが、須恵器窯は十世紀初頭のごく短期間の稼働にすぎず、製鉄は炉の構造が能代市中台遺跡の炉と似通っていることから、十一世紀代と推定され、かなり遅い。一方、炭焼窯の方は十世紀前半である。この窯は須恵器窯が役割を終えても炭を焼き、製鉄が始まる前に終わるという不思議な状況を呈している。

ただこの須恵器釜が地下式だったことは、注目すべきかもしれない。これは奈良時代の須恵器窯に見られる古式の構造で、平安時代に通常見られるものとは違うからである。

能代付近には他にもいくつかの製鉄遺跡があるが、一基から二基の炉を持つものが多い。

能代から米代川流域に入ると、その微高地や支流に多くの製鉄関連遺跡があるのが実感される。米代川の流域で爆発的に製鉄遺跡が増加するのは、よく知られているが、特にかつての火内村（大館市）や上津野村（鹿角）周辺には多くの遺跡が見られる。これらの製鉄関連遺跡は、シラス洪水以降に始まるものがほとんどである。

大館市（火内村）大館野遺跡は、粕田川と下内川に挟まれた台地上にある縄文早期から中世にまで連綿と続く大きな遺跡で、平安期の遺構は五十八棟の竪穴住居跡や四棟の掘立柱建物、十一棟の掘立柱倉庫跡に加えて、三基の製鉄炉跡が出土した。この製鉄炉は十世紀中葉と推定される。

また下内川流域の釈迦内中台Ⅰ遺跡も大規模である。十世紀代と推定される竪穴住居跡と掘立建物跡が合わせて百四十棟以上と、十二基の製鉄炉跡が発見されている。この釈迦内地区で下内川の支流になる乱川には、釈迦内中台Ⅱ遺跡や狼穴ⅠからⅣ遺跡などの新興集落遺跡が集中している。

上流の鹿角（上津野村）の堪忍沢《かんにんざわ》遺跡からは、十世紀前半と推定される十三基の製鉄炉と工房と思われる竪穴住居跡が出土しているが、この炉数は盤若台・釈迦内中台Ⅰと並んで、最大級の遺跡である。

米代川の製鉄遺跡は、大館市や北秋田市鷹巣の広大な沖積地には見られず、そのほとんどが支流の微高地で発見されているが、それは沖積地全体が隈なくシラス層に覆われているためであろう。鷹巣の胡桃館遺跡が沖積地で発見されたのは非常に稀な、僥倖といってもいい事例であったのかもしれない。

しかしシラス洪水以降に製鉄工房が爆発的に増えるのを見れば、当然その前にも製鉄が行なわれていたと推測したいところで、米代川に近い場所にあった以前の工房は泥流に埋没したまま、いまも市域の町並みの中に埋まっているのかもしれない。大館野遺跡などの重層遺跡を除いて、十世紀代に現われる製鉄遺跡は、シラス洪水によって埋没した工房が、高地に場所を移したものという気がする。米代川より南の遺跡のほとんどが九世紀後半に始まることからすれば、米代川製鉄の開始ももっと早い時期であろうと考えられるからである。しかし、残念ながら今のところシラス洪水を遡る遺跡は発見されていない。

以上主要な製鉄工房を秋田の地域ごとに並べてみた。これらのほとんどは、九世紀半ば以降に始まり、十世紀中頃で終わっているが、それに関連しそうな鉄製品がある。それは鍬や鋤の先に取り付ける刃部で、その生産時期が鉄工房の稼働時期と見事に一致している。それについて記述した論文があるので、次にそれを見てみよう。

b　鍬先の変遷から見える蝦夷社会

それは林正之氏による「古代における鉄製鍬先の研究」である。林氏は古代の鉄製品のなかで、鍬先（鋤先を含む）、及びそれを取り付ける木製だいに着目して、その変遷と分布を研究した。これは鍬先に限った研究ではあるが、それを通じて元慶の乱前後に変貌する蝦夷社会の一端を明らかにしている。

林氏自身は自らの論文について、関東・東北だけを検討の対象として中部地方を外していること、製鉄・鍛造遺跡全体や他の鉄製品の動向を考慮していないことなどを上げて、不充分と言っているが、しかし鍬先に限定したものであっても、出土遺物をできる限りまとめ、その変遷を明らかにした功績は大きい。特に秋田岩手北部に青森を加えた北東北北部の地域と、南部の地域との違いが鮮明になったのは重要である。

林氏の論文は、九世紀後半の二百年前に遡り、七世紀後半の状況から既述が始められる。氏は七世紀後半から十一世紀に至るまで、関東地方から宮城・山形に至る範囲の鍬先が統一した規格を持つようになると指摘する。大型と小型のものに大別されるが、いずれも縦長のU字形を呈する鍬先で、林氏はこれを新U字形鍬先と名付けた。

これらは畿内と同じ規格の高台付須恵器杯や暗文土師器の普及と軌を一にするので、製鉄や窯業の規格統一の動きの一環と見られるという。特に東日本では、官衙に附属する連房式鍛造鍛冶工房の出現に関連すると林氏は考える。つまりこの鍬先は、全国的に普及する官製規格品の一端なのである。

八世紀前半まで、この鍬先は宮城・山形の線に留まり、岩手や秋田に見られるものは、横長で木製だいを差し込む風呂部といわれる抉れが浅く、半円形の形状をした在地性の強い鍬先しかなく、数も少ない。

八世紀中頃以降になると、新U字形鍬先の出土地は北上して、秋田南部や岩手南部にも現われるようになる。秋田では秋田城（八世紀半ば）、大見台遺跡（九世紀初頭前後）、払田柵（九世紀後半）などの鍬先であり、岩手では稲村遺跡（九世紀初頭前後）の鍬先、胆沢城（九世紀後半）の木製だいなどで、出土するのは城柵が多い。

また五城目の中谷地遺跡で出土した木製鋤とされている遺物も、林氏は新U字形鍬先の木製だいと考えている。中谷地の木製だいの年代は不詳だが、この遺跡は八世紀後半には秋田城出土の土師器と同系統の土器を出し、九世紀後半まで存続するので、新U字形鍬先の北進と時期は合っている。

林氏はこの木製鋤を「秋田郡衙と推定される石崎遺跡や秋田城の付近に位置する」として新U字形鍬先と律令国家の密接な関係を指摘している。石崎遺跡が秋田郡衙になり得ないことはすでに述べたとおりだが、一方で、この時期から九世紀前半代の大河村が秋田城と関係があったのも、また確かである。

この八世紀後半代は岩野山周溝墓の時期にあたり、大河村は秋田城との関係を深めつつあった。九世紀前半の早い時期にそれは形となって現われるから、この鍬先は秋田城からの供給品と考えるのが自然だろう。

この同じ時期の秋田・岩手の北部や青森には鍬先の出土例が少なく、稀にあっても横長半円形の地方独自の鍬先だという。

ところが、T―aテフラが降下する直前の九世紀後半から末期にかけて、この様相が劇的に変化する。北東北への浸透を見せた新U字形鍬先が、九世紀後半から十世紀初頭の大見台遺跡の木製だいと鷹巣の法泉坊沢Ⅱ遺跡の鍬先の二つを最後に、全く姿を消すのである。(法泉坊Ⅱの鍬先は、木製だいを装着する耳部の幅が異様に広いため、通常の新U字形とは異なると林氏は述べ、多少の疑義を呈している)

代わって、風呂部の抉れが浅く、横長のずんぐりした形状の鍬先が、同時多発的に北東北一円に現われる。この鍬先は新U字型鍬先の大型と小型の中間の大きさで、形状的には八世紀前半までの在地の鍬先に似ているようにも見える。

これらの鍬先は、岩手の盛岡や秋田の鹿角、更に青森の八戸や津軽からも出土するが、いずれも同じような形状を持つため、林氏はこれを北東北A類と名付けた。

林氏はこの北東北A類の風呂部は、半円形から方形に徐々に変化する傾向があるとして、当初の半円形のものは、それが集中する盛岡盆地の発祥であろうと考えている。

この北東北A類は、その後急速に北東北一円に広がり、米代川流域では上流の鹿角で十世紀中頃まで分布し、中流域で製鉄炉が発見された大館の釈迦内中台I遺跡では、十世紀前半と中頃の住居跡から出土している。また秋田平野や雄物川下流域の上野遺跡や湯ノ沢遺跡にも十世紀前半のものがある。

岩手では宮古の島田Ⅱ遺跡、二戸の大向上平遺跡、飛鳥台遺跡などから十世紀前半から半ばにかけての鍬先が出土し、青森でも八戸の岩ノ沢平遺跡や津軽の山元遺跡などに、この鍬先が見られる。

しかし青森では秋田・岩手とは異なってA類一色とはならず、A類とは形状の異なる三種類の鍬先も現われるため、林氏はこれを北東北B、C、D類と名付けた。青森ではA類も含めた四種の鍬先が交錯し、その状態が九世紀末から十世紀中頃まで続くことになる。

林氏は、鹿角の堪忍沢遺跡で発見された十三基の製鉄炉の原料が、地元産であることを一つの例として、成分分析が少なく断定はできないと前置きした上で、これらの鍬先の原料は南東北や関東に比べて、極めて自給的ではないかとしている。

また氏は鍬先生産の特異性も指摘する。鍬先は木製だいに密着させるため、木製だいと鍬先の交換の便宜のために規格の統合が図られたのではないか、秋田・岩手が北東北A類一色になるのは、そのためではないかと考える。しかし、青森に四種の鍬先が現われる現象は、これだけでは説明できない。林氏はこの青森の現象を、原料が自給的であり、「狭い範囲に生産地が多数存在すれば、その各々が独自の規格の鍬先を製造しうる」とするが、その状況は米代川でも同じであり、これは幾分説得力に乏しい。

いずれにしても、九世紀後半以降、十世紀中頃まで、秋田・岩手の北部では同一規格の北東北A類一色となり、青森ではそれが多様化して四種の鍬先が現われ、官製規格品である新U字形鍬先が駆逐されるという現象が起こったことは確かであろう。

この林氏の論文は鉄製鍬先の分布に限られるものの、そこから汲み取れる状況は、秋田城支配の北進を示すものではなく、反対に蝦夷の影響力の拡大を現わしている。秋田城の影響ならば、現われる鍬先は、新U字形になった筈だからである。

また北東北A類の鍬先が盛岡を除けば、北東北北部の蝦夷支配地から多く発見されるのも、それを物語る。北東北A類が蝦夷の手によるものであることは明らかで、その鍬先が北東北北部を席巻し、官製鍬先を淘汰していった。それは北東北全体が変貌していく過程の一端を現わしているとも考えられる。

この林氏の論文には続きがあり、十世紀後半以降の状況を述べるが、それは本稿の最後の項で紹介することにする。

C　蝦夷の須恵器

岩手の江刺には瀬谷子《せやご》窯という城柵に付随した窯があった。二千基の窯跡が出土した大工房だが、これが九世紀末になると須恵器の生産を止め、須恵系土器の生産に転換している。

この須恵器生産の中止と須恵系土器への転換は、城柵として最後まで残った多賀城・胆沢城・城輪柵・秋田城・払田柵の五城に共通し、この土器の形式変化もほとんど同一であるという。

では東北の須恵器生産が消滅したのかというと、これがそうではなく、何と蝦夷の手に移るのである。既に述べているが、秋田では九世紀後葉に、若美町海老沢遺跡で須恵器生産が始まり、十世紀初頭のごく短い間ではあるが、能代の十二林遺跡でも一基の須恵器窯が現われた。しかし須恵器生産の大きな変化は、これらの遺跡がある秋田ではなく、全く朝廷の手が及んでいなかった津軽の地に著しい形で現われる。

津軽五所川原の高野《こうや》地区で九世紀後半に始まった須恵器生産は、九世紀末から十世紀に範囲を拡大して、五所川原須恵器窯跡群という広域の生産地を出現させる。いま分かっている窯跡は三十七ヶ所だが、この数は更に増えそうである。

この須恵器生産の技術は、能代の十二林遺跡からもたらされたとよく言われるが、十二林遺跡の発掘調査報告では須恵器生産は十世紀初頭のごく短い期間とされているから、高野地区は十二林より先行している。五所川原須恵器に秋田の影響があるとすれば、それは十二林ではなく、海老沢窯跡の方であろう。

五所川原窯跡群は、原子《はらこ》支群、持子沢《もっこざわ》支群、前田野目《まえだのめ》支群の三ヶ所の大きな塊と桜ヶ峰支群などを形成していき、空前の大工房に成長する。ここで生産された須恵器は津軽地域から始まって徐々に広がり、秋田の米代川流域や岩手の馬淵川《まべちがわ》流域を南限として、北海道の道南・道央、更には北端にまで及んでいく。米代川大館野遺跡の須恵器は、五所川原産のものがほとんどと見られているから、それから考えれば鷹巣の胡桃館で出土した須恵器にも、五所川原産のものが混じっていた可能性は高い。

また須恵器だけでなく、ロクロ成形の須恵系土器や赤焼土器、赤褐色土器などを主として生産する土師器の工房群が、津軽の大釈迦川流域で発生している。

野尻Ⅰから Ⅳ遺跡や山元Ⅰから Ⅲ遺跡などを中心とした遺跡群で、ここからは八百余にのぼる膨大な竪穴住居跡や掘立柱建物跡が出土した。これらの遺跡の始まりは、九世紀前半と推定されていて、九世紀後半になると竪穴住居跡と掘立柱建物跡に周溝を廻らした複合的な施設が作られ、円形周溝墓も現われるが、これらは白頭山─苫小牧火山灰（B─Tmテフラ）が降下する前なので、十世紀前半までの遺跡と考えられている。

十世紀後半には、野尻Ⅲ遺跡と山元Ⅰ遺跡の間にある高屋敷館遺跡で、防禦性集落とみられる区画された集落が出現するが、これは十世紀前半までの集落とは、建物構造も遺物も全く異なるという。この防禦性集落とはそれまでとは違う形態の集落で、十世紀後半から北東北一円に出現するが、これについては後に述べる。

また五所川原市街北方で岩木川と十川に挟まれた十三盛遺跡も防禦性集落である。外周溝のなかに整然と建物が配置された計画性の高い集落で、最大時には東西三六〇メートルの範囲に拡大したと推定され、規模が大きい。

この遺跡は十世紀後半から十一世紀代まで存続するが、ここからは木製品が多量に出土している。農具・工具・漁撈具などの他、食器や容器まで多種多様なものがあり、なかに人形《ひとがた》などの形代《かたしろ》や斎《い》串《ぐし》、檜扇などの律令的祭祀具も含まれている。律令制の及んでいない津軽で、何故このような祭祀具が出土したのかが問われる遺跡である。

d　人口流動と新興集落の増加

さて、ここまで製鉄工房と鍬先の変化、須恵器工房について述べてきたが、これらの遺跡は、五城目の開防・貝保遺跡や津軽の野尻や山元遺跡など九世紀初頭に始まる少数のものを除けば、九世紀後半から始まって十世紀前半まで、概ね一世紀に渡って続いている。製鉄、鍬先、須恵器の産業構造の変化は、ほとんど軌を一にしており、連動していると言ってもいいほどである。

これらの変化が現われる地域をもう一度眺めると、製鉄では元慶の乱での蝦夷十二村、須恵器では津軽五所川原がその大部分を占めていることが分かる。鍬先の変化はこれより広範囲で岩手北部を含むが、十二村と津軽はその範囲にも入っている。

では何故このような現象が起こったのだろうか。おそらくその最大の要因は、人口流動と新興集落の増加である。

前項までで触れているが、この産業構造の変化に合わせるように、多数の新興集落が生まれている。津軽の五所川原の須恵器工房や大釈迦川の土師器工房の膨大な数の集落は、総てが無人の野だったところに拓かれ、米代川流域ではシラス洪水の直後から集落が次々と作られた。かつての火内村である大館市だけをとっても、平安時代の九十余の集落址のうち、シラス洪水後に出現するものが九割を超えるというから、驚くような数である。

これら多数の新興集落からすれば、九世紀後半から十世紀にかけての人口増には凄まじいものがあったと想像できる。この現象は明らかに自然増ではなく、大規模な人の流入によるものである。

この人口流入は、短期間に起こった一時的な現象ではなかった。九世紀前半の大釈迦川土師器工房から始まって、九世紀後半以降の八郎潟琴丘町の製鉄工房、五所川原須恵器工房、シラス洪水後の十世紀前半に集中する米代川製鉄工房と、新興集落は続々と増え続けるからである。

ではこの膨大な数の人々は、いつどこからやって来たのか。

集落が本格的に増え始める九世紀後半という時期を考えれば、元慶の乱の前、貞観の天災と飢饉によって民衆が困窮した時期から加速したと考えられるが、大釈迦川の土師器工房を考慮すれば、その始まりは半世紀近く遡り、飢饉続きだった承和年間あたりになるかもしれない。承和年間ならば、九世紀前半である。

九世紀後半には八七三年（貞観十五）に陸奥国が「俘夷境に満つ」と奏言した記事があり、この頃には更に流動化が加速したのであろう。多くの人々が奥地の蝦夷の元に逃れ、元慶の乱直前には藤原保則が言う「国内の黎民苛政に苦しみ、三分の一は奥地に逃げ入り」という状況に陥っている。

このような現象は秋田に留まらず、幾分規模は小さかったにせよ岩手でも起こっていたと思われる。元慶の乱の初めに陸奥国がなかなか援軍を送れなかったのは、陸奥の北部でも流民が増えて、人心が定まらないという状況があったからであろう。

その流民たちは当然奥地へ逃げる。秋田の奥地は八郎潟を経て米代川流域に至るが、岩手の奥地も山間部を通る限り、詰まるところは米代川に行き着く。東西の合流点は米代川なのである。そして津軽へ抜ける道もまた米代川から通じている。大館市の女神山の東には古くから弘前から五所川原への道があった。

従って逃散民の多くは米代川に辿り着き、そこで仮住まいするか、更に津軽へ抜けるかを選択することになる。その結果が、米代川から津軽にかけての膨大な新興集落なのであろう。

またその点で言えば、米代川でシラス洪水以降に増える集落は、おそらく一次集落ではなく、二次集落ではなかろうか。逃散の増加を九世紀後半とすれば、そのころにも新興集落があり、それがシラス洪水に埋没した結果、微高地に新たに二次集落を拓いた。それが現在判明している十世紀初頭前後からの集落であろうと推測する。

この人口流動の説明として秋田市史は、「律令制下の文化を携えた逃亡民」が蝦夷の村に入った可能性を指摘している。そのような逃散民が十二村に入り、更にそこを抜けて津軽の地域まで達した。そう考えれば、人口急増の説明がつく。これは至極当然な解釈である。

しかし、果たしてそれだけだろうか。このような大規模な流動化を起こしたのは百姓だけではなく、十二村にいた蝦夷俘囚も同様だったのではないか。八郎潟の者は米代川に逃げ、米代川の者は青森に逃げるなどの現象が起こったのではあるまいか。米代川の製鉄工房の急増には、このような蝦夷の移動も関わっており、青森県向田遺跡の住居跡に米代川流域の特徴があると言われるのも、蝦夷俘囚の逃亡の結果であろうと思われる。

またこれは必ずしもそうだとは言い切れないが、十世紀後半の十三盛遺跡の祭祀具と、五城目町中谷地遺跡の祭祀具が関係する可能性もなくはない。蝦夷支配地のなかで律令的祭祀具を出したのは、今のところこの二つの遺跡しかないからである。だが、中谷地の祭祀具は同伴する須恵器から九世紀前半と考えられているので、時期が空きすぎているのが難点ではある。

無論、秋田市史が指摘する良民による技術の拡散を否定するつもりはない。確かに須恵器生産の方は、元々蝦夷が持たなかった技術であり、これは官製工房で働いていた良民によって伝えられた可能性の方が高い。

八郎潟若美町の海老沢遺跡も五所川原高野地区も、九世紀後半から操業が始まり、蝦夷支配地の須恵器生産は、ほとんど同時期に北上している。これは日本海側を通じた伝播であると思われるので、秋田の逃散民、例えば秋田郡の最北部にあった新城川流域の窯業所からの逃亡者などによって広がったと仮定することもできる。それらの人々は、多くの逃散民と共に蝦夷の元へ逃げ、一部は海老沢に留まって須恵器を焼き、大部分の者は遠く津軽にまで辿り着いて、そこに新しい村々を拓いたのかもしれない。

だが鉄生産の方はどうかというと、これを良民の技術のみとするのには疑問がある。理由は鍬先の形状の違いである。良民が主体であれば、彼らが馴染んだ新U字形鍬先を作るのが自然の成り行きだと思うが、北東北A類の形状は八世紀前半までの蝦夷の鍬先に似て、横長でずんぐりとしている。蝦夷にとってはこの形状の方が扱いやすく、林氏が推測したように北東北A類の発祥地が盛岡周辺だったのなら、それが一挙に拡大して蝦夷支配地全域に及んだのではないかと思われる。とすれば、それを作った主体は蝦夷であろう。

これは全くの推測だが、盛岡は古代の志波郡で律令制の下《もと》にあったから、志波郡の蝦夷俘囚が製鉄技術を取得できる可能性はあったのではないか。しかしそれができたとしても、盛岡地方が郡制の元に置かれたままなら、蝦夷が製鉄を行なうのは容易いことではあるまい。もしかすると、この当時志波郡は既に蝦夷が優勢になり、奥地に戻っていたのかもしれない。志波城が廃棄された後に造られた徳丹城は、九世紀中頃には廃城となって、遺物を出さなくなるからである。いずれにしても、志波郡の蝦夷が奪われていた製鉄技術を再び手にしたとすれば、それは岩手北部を通って米代川までは行き着けた筈である。盛岡と鹿角の間には、古来から鹿角街道が通じている。

だが、秋田側に伝播するには、中継地が必要だったであろう。製鉄技術を持った村が秋田に存在しなければ、岩手から細々と流れてくる鍬先だけになり、短期間に秋田一円にこの鍬先が広がる筈はない。伝わった鍬先を元にそれを製造できた村があり、そこを基点として秋田一円に広がったと考えなければつじつまが合わない。

とすれば、この時期にそれが可能だったのは、大河村の開防・貝保の製鉄関連工房の一ヶ所しかなかったのではないか。鍬先はまずここで作られ始め、その技術が人の移動に伴って秋田側からも米代川に入り、津軽にも広がったのだろう。そのような日本海側の伝播経路がなければ、短期間に青森まで北東北A類が伝わるのは困難だと思われる。

以上、推測を述べたが、この是非はともかくとしても、九世紀後半以降に同時多発的に始まる蝦夷地域の産業構造の変化は、悉くこの人口流動に発していると考えられる。製鉄の波及も蝦夷の須恵器の拡大も、人々の流動化がもたらした結果である。

さて、このように九世紀後半以降の変貌を考えれば、製鉄・須恵器の生産地急増を、秋田城支配地が拡大した結果だとする説が採れないことは明らかだろう。それはこれらの現象が元慶の乱の前から始まっているという理由だけではない。継続した期間も拡大した地域も余りにも長くかつ広範囲だからである。これがもし秋田城支配地の拡大なら、製鉄や須恵器の工房は一、二の箇所に点のように存在し、技術の拡散はもっと限定的になったと思われる。国府が技術や良民である百姓をこれほどまでに拡散させる筈がないからである。

またこれまでの朝廷の方針から考えても、北辺の最奥地に製鉄や須恵器の工房を設けるとは思えない。しかも新興集落が勃興するさなかの九世紀末には、国衙の須恵器製造を行なっていた瀬谷子窯が、須恵系土器に生産を転換してしまうような時期なのにである。

そうであれば、製鉄や須恵器の製造技術は、当然新たな流入者によってもたらされたと考えるべきで、これは秋田城支配の北進とは全く関係のない現象である。

ただこの人口流動が朝廷に全く利をもたらさなかった訳ではない。人口流動によって朝廷支配地が一部北進した事実はある。率浦郷と方上郷の創設がそれである。

この二つの郷がかつての大河村と方上村であることは既に述べているが、この二郷は倭名類聚抄に載っているので、元慶の乱終息後の八七九年から倭名類従抄ができる九三〇年頃までの間に編成されたことになる。それには人口流動によって移り住んだ百姓の存在が間違いなく影響していよう。良民である百姓がいなければ郷が成立しないからである。

おそらく出羽国府は、元慶の乱での蝦夷の恭順に乗じて、二郡の編成を呑ませたのだと思われる。この二村には逃散した百姓がいた筈で、国府はそれらの百姓をそのまま定住させて郷を形成させたのであろう。とすれば、これも人口流動の産物ではある。

この郷の成立は、おそらく乱終息から間もない頃のことと思うが、この朝廷支配地の拡大は長くは続かなかった。後に述べるが、倭名称編纂から二十年ほどで秋田城は廃城し、この地域はまた奥地に戻ってしまうからだ。人口流動はこのような小さな利では計れない致命的な損傷を、結果として朝廷の秋田支配にもたらすのである。

e　蝦夷社会の変貌

前項までに述べた現象は、蝦夷にとっては産業革命と流民による危機が同時に起こったようなものだった。ではこの現象は、蝦夷社会にどのような変化をもたらしたのだろうか。

このうち産業構造の変化をまず考えてみよう。

北東北A類の鍬先が津軽、米代川、秋田、岩手の境界を越えて流通し、五所川原の須恵器が北海道から秋田・岩手の北部にまで拡散する状況は、九世紀前半までの蝦夷の交易とは著しく異なっている。

この変化が現われる前の蝦夷の交易といえば、朝廷の機関である陸奥や出羽の国府との朝貢的交易か、さもなければ禁制品を不法に入手しようとする国司や都の貴族相手がもっぱらだった。ところが九世紀後半以降の交易は北東北のなかで行なわれ、その対象は蝦夷俘囚や百姓に変わったと考えられる。これは大きな変化である。

もちろん九世紀前半以前にも民衆間の交易は行なわれていたに違いないが、九世紀後半以降のそれは規模も範囲も大きく変貌している。米代川以南の製鉄工房や五所川原須恵器工房の集落数を見れば、それらの産物の量は以前とは比べものにならないほど増えたと推測できる。林氏は鍬先だけについて分布を調べたが、蝦夷の鉄製品はそれだけではなかったに違いない。鏃、刀子、鎌などが製造されたであろうと考えるのは決して誇張ではあるまい。

それらの多量の製品が製造され消費されたとすれば、これは蝦夷の地域を中心として、その外縁部(出羽で言えば秋田平野、陸奥ならば内陸部の盛岡や宮古などの海岸部)全体が市場と化したと言っていいものである。そしてその結果、鉄製品であれ須恵器であれ、蝦夷の産品は官製品を圧倒していった。官製品である新U字型鍬先が淘汰され、北東北A類一色となるのは、その一環だと思われる。この現象は朝廷が北進を開始して以来、じりじりと生活圏を奪われていった蝦夷が初めてその殻を破り、朝廷支配地の一部も含めて経済圏を拡大した現象だったと言ってもいい。

そしてこの産業構造の変化は、蝦夷社会の構造そのものをも変えていったのではなかろうか。

従来、蝦夷社会の構造として言われてきたのは、広域な共同体を持たず村落ごとにまとまったやや閉鎖的な社会で、各村落は土豪である首長に率いられていたというのが一般的だが、これには明らかな物証がなく、蝦夷が国家を形成しなかったことからの推論であろう。とは言っても、蝦夷が村落間の共同体を構成していたとする物証もまた存在しない。元慶の乱までの歴史で、広範な共同体の可能性が覗えるのは、圧倒的な官軍と戦った胆沢蝦夷の社会だけだが、しかしそれも官軍が焼いた村落数からの推定で、その実態が判明している訳ではない。

仮にかつての蝦夷社会が、村落ごとにゆるく閉鎖された構造であったとしても、九世紀後半以降の北東北の産業構造の変化は、村落の枠を大幅に越えて起こり、そのような構造を打破してしまったのだろう。この現象は、村落ごとに閉ざされた社会では起こり得ないことだからである。

新興集落は昔からの村落が存在しない所に作られたとはいえ、以前からあった蝦夷の村々は流入者を排除せず、新たな村の創設を許した。また鉄製品であれ須恵器であれ、それが広範囲に分布するということは、商品流通や人の移動に制約がなかったことを現わすものだろう。元慶の乱のとき、蝦夷十二村が、膨大な数の逃散民を受け入れているが、それには乱の前からあった、このような状況が作用していたと考えることもできる。

ただこの状況は、危険と裏腹の関係にあった。逃散民の増加である。逃散する人の数は次々に増え、元慶の乱直前には頂点に達したと思われる。蝦夷の村々は危惧と動揺を懐きながら、新興産業を抱え、多くの棄民を受け入れたということになる。これは危うい綱渡りを続けているような状況である。

もしこの時、蝦夷の村々が村落ごとに閉鎖された状態にあったのなら、騒擾沙汰が起きても不思議ではない。しかしそうはならず、人口流動で破綻の瀬戸際に立たされた蝦夷は流民を排除するのではなく、彼らと共に蜂起する道を選んで元慶の乱を起こした。このような推移をみせたのは何故だろうか。

全くの推論だが、蝦夷十二村には、村落の枠を越えたある種の共同体が形成されていたのではないかと推測する。十二村全体が会合を持ち、逃散民への対応を決め、食料配給の調整を行なう、そのような機能を果たす仕組みがなければ、右に述べたような状況にはならず、十二村の一斉蜂起などは為し得なかったのではなかろうか。

大胆すぎると言われるかもしれないが、この推論に見合うかもしれない遺物が一つだけある。胡桃館遺跡の板状木簡である。「月料給出物名張」と書かれた木簡は、先に「米の供給控えのようなもの」と述べたが、これを厳密に読めば、「月料」月ごとの給料、つまり仕事をしたことへの見返りとして、「給出」支給された「物名帳」物品と当事者の名を記した帳簿、ということになろう。

朝廷の支配地であれば、納入した税を記した帳簿はあっても、月ごとに給出するようなものはあるまい。これは割り当てられた仕事に対する月ごとの支給物の帳簿であって、謂わば月給なのではないか。とすれば、おそらくこれは村人である蝦夷を対象としたものではなく、逃散してきた人々を何らかの仕事に就かせ、それに対価としての食料を給したものではないかと考える。「米一升　玉作□□」と書かれたものは月給にあたる。月に一升というのは少なすぎるが、他の記述も一升が多く、それ以外では二升と五升五合があるだけだ。これがもし元慶の乱当時のものであれば、この数量そのものが食料の枯渇を表わしているとも言える。

ここで重要なのは、そのような仕組みを榲淵村が運営していたということである。十二村が食料の逼迫を悟り蜂起に踏み切ったのも、食料を管理できる体制が整っていたからで、またそれを全村で合議できる場があったからでもあろう。

またもう一つの例証として、北東北A類の鍬先の規格が類似することもあげておきたい。林氏は、これについて「鍬先は、だいへの密着のため、えぐれを風呂の形状に合わせねばならず、だいと鍬先の交換の便宜のため必然的に規格の統合を志向する」と述べているが、その一方で、青森の鍬先が多種類にのぼるのは「狭い範囲に生産地が多数存在すれば、その各々が独自の規格の鍬先を製造しうる」ともしており、この二つの推論は論理的に矛盾している。

このうち、自然な成り行きに感じられるのは、後者の方である。集落が各々勝手に生産を行なった場合、それが独自に発展して、各種の形状に変化していくのは当然であろうからだ。

しかしそうだとすれば、米代川では何故鍬先の多様化が見られないのか。狭い範囲に生産地が集中するのは、青森にのみ特有な状況ではなく、それは米代川でも同じである。

歴史的に見れば、度量衡や産品の規格統一は、林氏があげた鍬先とだいの交換の便宜性などの技術的理由で達成されることは稀で、ほとんどが強権的な統制によって為される代物であろう。つまり国家による統制である。

ところが、北東北A類の鍬先にはそのような統制はなかった。抑もこの変化に国家は関わっていないからである。強制力のないところで、およそ一世紀近くも鍬先の形状が変化しないこの状況は、極めて特異であろう。

そこでこの点でも広域な共同体の存在が考えられる。国家による強制ほどの力はないとしても、十二村の広域共同体に加えて、岩手の北部にもそのようなものがあれば、鍬先を統一して利便性をあげようという程度の合意は可能だったのではなかろうか。

一方、青森ではそうならず、A類の鍬先に加えて三種の鍬先が発生するのは、青森には合意形成できるような広域な共同体が形成されていなかったからだと考えれば、肯けよう。

以上蝦夷の共同体について、推論を述べた。蝦夷十二村がある種の共同体で結びついていたのなら、元慶の乱で見せた蜂起軍の戦略も、この共同体で合意され、官軍を極力殺さず、器仗を奪って戦闘力を削ぎ、優勢になっても秋田河から南には進出しないという取り決めがなされたのだと思われる。

この項は「蜂起した蝦夷百姓が秋田河以北の独立を掲げるに至った理由やそれを全村の合意にまとめあげた経過、また秋田から遠く離れた米代川奥地の鹿角までが蜂起に加わったのは何故か」という疑問への回答を模索したものである。推論だらけの回答ではあるが、実際にそのような共同体が存在し、元慶の乱はそれに参加した蝦夷百姓の意志によって起こされた、と考えたい。その要因となったのは大規模な人口流動と産業の勃興である。

それは収奪するだけの朝廷への反発と、新興する産業による自立の可能性が背景にあってのことだろう。「秋田河以北を己が地と為さん」という要求は、そのような状況から生まれた彼らの意志を具現化した宣言であると思える。

（四）朝廷支配からの脱却

北東北の構造変化は、九世紀後半から十世紀前半まで続いた。つまり元慶の乱の後にも更に七十年近く、この状態のまま推移したということになる。とすれば、元慶の乱までに逃散した民衆は秋田に戻らず、そのまま奥地の新興集落などに留まったと考えられる。

これは逃げた百姓が、編戸の民である良民の境遇を捨てて、蝦夷となったことを意味する。藤原保則は乱を終息させた奏言で、「奥地の逃民を験出し」と述べたが、彼が意図した逃散民の帰還はうまくいかず、米代川や津軽にまで逃げた黎民を呼び戻すことはできなかった。そして秋田郡の人口は急激に低下したまま推移したのであろう。

その間、蝦夷の産品は急激に北東北一帯に拡大し、北東北A類の鍬先は秋田河辺にまで達した。その結果、何が起こったか。

北東北の城柵が、ことごとく廃絶するのである。

朝廷支配の衰退を決定づける切っ掛けとなったと思われる乱がある。九三九年（天慶二）四月に、俘囚と秋田城の間で合戦となった天慶の乱である。これに先だって同じ年に起こった将門の乱も、同じく天慶の乱と呼ばれる。

この乱は記録に残る蝦夷俘囚の蜂起としては最後のものだが、十世紀初頭にも騒乱が起き、陸奥に援兵を要請する事態になったことがあった。

秋田での騒乱には、秋田城司の悪政が原因となることが多いのか、天慶の乱でも、七月に秋田城の介であった源嘉生が譴責されている。元慶の乱での良岑近のようなことを、この介も行なったのかもしれない。

この乱は長引き、八月になっても終息しなかった。また藤原保則が編成した鎮兵例兵の兵数も、百姓の減少によって維持できなくなっていたのか、朝廷は国内の浪人を動員せよとか、国庫の武器防具を軍士に与えよとか命じている。だがこの乱の詳細は伝わらない。正史が編纂されなくなり日本紀略などの断片的な記述しか残っていないからである。

大規模な蜂起である元慶の乱が終わった後、藤原保則が行なった戦後処理は、蜂起した蝦夷百姓にとっていたって寛容であった。三代実録には蝦夷の首謀者の名はなく、また一人として処罰された者もいない。これは藤原保則が紛争の再発をおそれて、敢えてそうしたのだと思うが、蜂起の首謀者は生き残るのである。

それは翻って、元慶の乱で示された蝦夷十二村の結束が乱後も維持されたことを示すものでもある。元慶の乱の前に始まっていた蝦夷の生産体制は続き、新興集落などの人口も減少しなかった。蝦夷の産品が朝廷のそれを駆逐していくのは、蝦夷側の体制が崩されなかったのが大きいのであろう。この天慶の乱にも、その力が働いていたのかもしれない。

そして、おそらくはこの天慶の乱が、朝廷の秋田支配にとって致命傷となった。この乱から時を置かずに、秋田城が廃絶するからである。

発掘調査によって、秋田城の外郭南辺で十世紀中頃の竪穴住居跡が、材木塀や掘り溝を破壊して作られているのが発見されている。外郭を民家に侵された城柵が存続している筈はないので、秋田城の終焉はその直前と推定されている。遺物はその後も現われるが、土師器は祭祀用のものが多くなり、それらは城柵的な遺物とはみなされていない。

秋田城に関しては、藤原実忠が秋田城の介であったとき、官舎を建てたことが評価されて、九六七年に出羽守になった記事などの他、十一世紀まで記述が残るので、そこまで存続したとする主張もあるが、その頃には城内に主要な遺構はなくなり、遺物が認められるのは城外の鵜ノ木地区だけになる。

つまり十世紀後半以降、文献に表われる秋田城は高清水の丘の秋田城ではなく、何処かへ場所を移して秋田城の名を冠した城柵ということになるが、その所在地は分かっていない。おそらく雄物川の南岸か、もしくは河辺郡に遷されたのではないかと思うが、少なくともそれは秋田平野ではあるまい。

蝦夷の産物の一つであった北東北A類の鍬先は、蝦夷支配地の拡大を現わす指標のように北東北を席巻して秋田平野南端にまで達し、それに連動するようにして朝廷支配は衰退した。秋田城廃絶後、十世紀後半（末期に近いか）には払田柵も廃絶し、出羽の北辺の城柵は総て消滅する。

また陸奥国では、十世紀に入って胆沢三郡と志波三郡が鎮守府の管轄となり、鎮守府領六郡が成立するが、この体制も長くは続かず、払田柵が廃絶したと同じ十世紀後半に、鎮守府が置かれていた胆沢城そのものが廃絶してしまう。

延暦の頃に大規模な軍事力をもって侵略し、陸奥北辺の要とされた胆沢城が、消滅したことによって、おそらく胆沢は再び奥地となった。この鎮守府領六郡は、後の奥六郡の原型となるが、「奥」と称されるとおり、これを実質的に支配したのは俘囚安倍氏である。秋田城・払田柵・胆沢城が機能を停止した結果、北東北の城柵は悉く消滅し、朝廷支配地は一挙に奈良時代に近い線まで後退する。元慶の乱からおよそ七十年を経て、蝦夷は朝廷の桎梏を解き放ち、「秋田河以北を己が地と為さん」という蝦夷の悲願が達成されたように見える。

ところがである。ここから理解が難しい状況が現われる。これは城柵の消滅、特に秋田城の廃絶の時期から現われる現象で、北東北一帯はそれまでの一世紀とは全く異なる様相を呈し始める。

それは蝦夷地域の生産遺跡が存続する期間からも分かるが、十世紀後半に入るとこれらの生産遺跡が悉く消えていく。製鉄工房、須恵器工房が消滅し、北東北A類他の鍬先にも同様の現象が起こった。林氏の論文の続きを、ここで引いてみよう。

林氏は秋田岩手の北部と青森を席巻したAからD類の鍬先が、十世紀後半になると消滅してしまい、形式分類が困難なほどに多様化した鍬先が十一世紀にかけて現われ、しかも数は減少するという。林氏はこれを、十世紀後半から防御性集落が現われ、他の集落が衰微する現象に連動するのではないかと指摘している。この防禦性集落とは、十世紀中頃から北東北に発生する環濠集落や高地性集落の総称である。

これらの集落は十世紀半ば以降に、秋田・岩手の北部と津軽など北東北の北部に顕著に現われ、朝廷支配地では盛岡周辺にしか見られない。

秋田では微高地の丘陵上先端部に立地して環濠をめぐらし、田沢湖周辺や岩手北部の山間部では、比高二百メートルを越える尾根筋や山頂に高地性集落が現われている。これが津軽に出現するのは十世紀後半で、規模は遙かに大きくなる。「蝦夷の須恵器」の項で述べた十三盛遺跡や高屋館遺跡などはその典型である。

防禦性集落は、外敵に備える構えを持ち、内部に製鉄炉を備えて、独自の鉄器を製造する能力を持ったものが多く、これらの集落が出現するとともに、従来の集落は廃絶していく。これは集落の再編なのか、それとも全く別の現象なのだろうか。

またこの現象に、盛岡周辺が含まれることも特徴的である。盛岡周辺には郡制が施行されている。つまり朝廷支配地な訳だが、林氏によれば北東北A類はその盛岡で発生したと推定され、いままた防禦性集落が盛岡にも現われた。先に触れたように、これは郡制が施行されていたとしても、実質的に朝廷支配から脱却していたと考えられる現象である。

これらの防禦性集落は、戦闘を強く意識した造りで、村落間の緊張状態が覗える。集落内に製鉄遺構が存在するのに鍬先が減少するのも、生産用具よりも武器製造を重視した結果であるのかもしれない。

十世紀半ばに朝廷勢力を秋田から逐った蝦夷や百姓の広域な共同体の存在意義は、朝廷という共通の敵があってこそのものだったのか、それともそれは、抑も幻想だったのだろうか。彼らは解放されたと同時に、商品流通や人の往来の自由を手放し、村ごとに閉じ籠ってしまったように見える。しかし、その原因は分からない。

これは北東北部が、朝廷支配が及ぶ以前の状況に戻ったように映るが、内実は大分違っている。環濠集落には規模が大きく、防禦の固いものがいくつも見られる。これは八世紀までの小規模で防禦施設をもたない集落がほとんどだった状況とは、明らかに異なる。

蝦夷は集落ごとに武装し、それぞれが徒党を組むようになった。それは地縁血縁による結びつきであり、ひと言で言えば、蝦夷が武士化する過程であったのかもしれない。この後、陸奥国府や出羽国府の権威を利用して版図を広げる者が現われ、十一世紀中頃には彼らの勢力は国府を凌駕するようになる。それは陸奥の安倍氏であり、出羽の清原氏である。

この流れは最後に奥州藤原氏という巨大な勢力を生み出すが、藤原清衡の母は安倍氏の出で、その安倍氏の版図を包含した俘囚清原武則の支配地から清衡の台頭は始まっている。清衡の父が蝦夷でなかったとしても母は俘囚の娘であり、彼を支えた基盤には蝦夷俘囚がいたのである。奥州藤原氏とはそれら蝦夷俘囚に立脚した政権であり、これは蝦夷が為し得た最後にして最大の独立王国であったと言っていいであろう。

参考文献

「新訂増補　国史大系」黒坂勝美編（吉川弘文館）

「2　続日本紀」（1966）

「3　日本後紀・続日本後紀・日本文徳天皇実録」（1973）

「4　日本三代実録」（1973）

「8　日本逸史」（1965）

「10　日本紀略前編」（1965）

「12　扶桑略記」（1965）

「25　類聚三代格」（1965）

「26　延喜式」（1965）

「日本三代実録」武田祐吉・佐藤謙三訳（戎光祥出版2009）

「藤原保則伝」三善清行（続群書類従第八輯上　巻第百九十一　続群書類従完成会1927）

「日本漢詩　古代編」本間洋一編（和泉書院1996）

「菅家文草　菅家後集」川口久雄校注（岩波書店1969）

「秋田市史第一巻　先史・古代通史編」秋田市（2004）

「五城目町史　古代編」小野一二　五城目町データベース（2015）

「五所川原市史　通史編1」五所川原市（1998）
「秋田県の歴史」冨樫泰時他（山川出版2001）
「岩手県の歴史」伊藤博幸他（山川出版1999）
「宮城県の歴史」今泉隆雄他（山川出版1999）
「秋田県の地名」日本歴史地名大系5（平凡社1980）
「古代地名大辞典」角川文化振興財団編（角川書店1999）
「日本の古代遺跡24秋田」冨樫泰時（保育社1985）
「日本の古代遺跡51岩手」高橋信雄・昆野靖（保育社1996）
「城輪柵政庁に関する一考察」荒木志伸（日本古代学第2号2010）
「北日本における後北式C2―D式期の集団様相」石井淳（物質文化1997）
「秋田城跡」伊藤武士（同成社2006）
「古代国家の東北辺境支配」（秋田城の初歩的考察）今泉隆雄（吉川弘文館2015）
「鷹巣盆地の古代製鉄と地名」木村清（秋田地名研究年報13号　1997）
「古代の蝦夷」工藤雅樹（河出書房新社1992）
「みちのく古代　蝦夷の世界」工藤雅樹・新野直吉他（山川出版1991）
「九世紀の蝦夷社会　奥州史研究叢書9」熊田亮介・八木光則編集（高志書院2007）
「秋田城の成立・展開とその特質」熊谷公男（国立歴史民俗博物館研究報告第179集　2013）
「考古学から見た蝦夷」桜井清彦（大林太良編「蝦夷」社会思想社1979所収）

「律令国家東北辺境支配の研究」鈴木拓也（東北大学大学院博士論文１９９６）
「蝦夷」高橋崇（中央公論社１９８６）
「蝦夷」高橋富雄（吉川弘文館１９６３）
「古代蝦夷を考える」高橋富雄（吉川弘文館１９９１）
「宮城県における続縄文文化の様相」高橋誠明（古川市教育委員会データベース）
「秋田県における鉄の生産と加工」高橋学（あきた文学資料館２０１０）
「元慶の乱・私記」田牧久穂（無明舎１９９２）
「陸奥国の古代官道—道から考える東北古代史—」永田英明（東北歴史博物館第６回歴史講座
２０１４）
「古代における鉄製鍬先の研究」林正之（東大大学院人文社会系研究紀要　２０１０）
「木簡が語る古代史　下」平野邦雄・鈴木靖民編（吉川弘文館２００１）
「古代氏族系譜集成」室賀寿男（古代氏族研究会１９８６）
「新編・秋田の地名」三浦鉄郎（三光堂書店１９８７）
「払田柵に関する学説」払田柵調査事務所（２０１５）
「木簡から古代がみえる」木簡学会編（岩波書店２０１０）
「史跡秋田城跡」金曜会編集（秋田城を語る友の会１９９３）
「秋田城跡Ⅱ　鵜ノ木地区」秋田市教育委員会（２００８）
「後城発掘調査報告書」秋田市教育委員会（１９８１）

「古城廻窯跡発掘調査報告書」秋田市古代部会（秋田市史編さん室１９９７）
「推定古代郡衙址『石崎遺跡』の調査概報」門間光夫（秋大史学15号　秋田大学史学会１９６８）
「開防・貝保遺跡」秋田県教育委員会（２００３）
「中谷地遺跡」秋田県教育委員会（２００１）
「盤若台遺跡」秋田県教育委員会（２００１）
「胡桃館埋蔵建物遺跡第３次発掘調査報告書」秋田県教育委員会（１９７０）
「大館野遺跡発掘調査報告書」秋田県教育委員会（２００３）
「粕田遺跡発掘調査報告書」大館市教育委員会（１９７４）
「男神遺跡発掘調査報告書」大館市教育委員会（２００８）
「釈迦内中台Ｉ遺跡発掘調査報告書」秋田県教育委員会（２００８）
「法泉坊沢Ⅱ遺跡」秋田県教育委員会（１９９８）
「狼穴Ⅱ遺跡」秋田県教育委員会（２０１０）
「一般国道７号八竜能代道路建設事業に係わる埋蔵文化財発掘調査報告2」（十二林遺跡）秋田県教育委員会（１９８９）
「野尻遺跡の土器編年について」青森県埋蔵文化財調査センター研究紀要第15号（２０１０）
「湯水沢遺跡」秋田県教育委員会（２００８）
「秋田市諏訪ノ沢遺跡」秋田市教育委員会（１９９３）
「秋田臨空港新都市開発関係埋蔵文化財発掘調査報告書」（坂ノ上Ｅ遺跡）秋田市教育委員会（１９８４）

【著者略歴】

1947年　静岡県沼津市生まれ
1971年　早稲田大学卒業　横浜市勤務
1980年～1982年 横浜市港北区新田地区の郷土史「新田むかしむかし」を発行
1982年　横浜市東本郷小学校6年生有志に縄文土器作りを指導
1983年　望月家文書　第1輯発行に参加（横浜市港北図書館・港北古文書を読む会共同編集・発行）1985年第2輯を発行。
1984年　横浜市竹山小学校の卒業制作で、6年生全員に縄文土器作りを指導
1984年～1991年「港北歴史教室」講師（横浜市港北区役所主催・町毎の郷土史の連続企画）
2004年　新羽史（新羽史編集委員会編・発行）の一部を執筆
2010年　「須佐之男の原像」（郁朋社）を発行

元慶《がんぎよう》の乱《らん》と蝦夷《えみし》の復興《ふつこう》

2017年10月28日　第1刷発行

著　者 — 田中《たなか》　俊一郎《しゆんいちろう》

発行者 — 佐藤　聡

発行所 — 株式会社 郁朋社《いくほうしや》

〒101-0061　東京都千代田区三崎町2-20-4
電　話　03（3234）8923（代表）
ＦＡＸ　03（3234）3948
振　替　00160-5-100328

印刷・製本 — 日本ハイコム株式会社

落丁、乱丁本はお取り替え致します。

郁朋社ホームページアドレス　http://www.ikuhousha.com
この本に関するご意見・ご感想をメールでお寄せいただく際は、
comment@ikuhousha.com までお願い致します。

©2017 SHUNICHIRO TANAKA Printed in Japan

ISBN978-4-87302-660-2 C0095